Dr. Christine Wieckenberg

Praxishandbuch Schulhund

Grundlagen, Tipps und Arbeitsblätter für den Einsatz von Schulhunden in der Sekundarstufe

Gedruckt auf umweltbewusst gefertigtem, chlorfrei gebleichtem und alterungsbeständigem Papier.

1. Auflage 2021

Cover: Jörg Neuwerth
Grafik: Illustrationen von Jeanne Lohff, Autorenbild von Jörg Neuwerth (Seite 6), übrige Bilder von Dr. Christine Wieckenberg (Seite 14, 32, 44, 46, 48)
Satz: Satzpunkt Ursula Ewert GmbH, Bayreuth

ISBN: 978-3-403-20748-1

www.persen.de

Inhaltsverzeichnis

Vorwort

Hunde als Helfer, Unterstützer, Freunde und Assistenten auf vier Pfoten werden in Schulen immer beliebter. Die meisten Schulbegleithunde arbeiten in Grundschulen und Förderschulen. Die Forschungslage zu ihrem positiven Wirken ist jedoch so eindeutig, dass Klassen in allen Schulformen ein Hund guttut, für Wohlgefühl sorgt, die Motivation und den Spaßfaktor erhöht.

Bisher gibt es allerdings nur wenig Unterrichtsmaterial, das diesen Einsatzort eines Hundes schülergerecht beschreibt und vermittelt.

Die Zielgruppe dieses Buches sind daher Schülerinnen und Schüler jeglichen Alters, die mit einem Schulhund in der Klasse oder Schule in Kontakt treten werden oder schon getreten sind, Eltern, Lehrkräfte oder Schulleitungen, die sich oder ihre Schützlinge auf einen Schulhund vorbereiten wollen, oder Menschen, die einfach Hunde mögen.

Das Ziel ist, alle wichtigen Aspekte eines Schul- oder Klassen- bzw. Schulbegleithundes zu benennen, sodass Schüler und Schülerinnen vorbereitet werden und Sie als Schulleitungen oder Lehrkraft mit Hund davon profitieren, wenn Sie sich mit dem Thema noch nicht auskennen und kurz und pragmatisch informieren wollen.

Dieser Band ist geschrieben in Gedenken an eine großartige Hündin, eine hochintelligente, liebevolle, immer vergnügte und treue Freundin und Seelenverwandte, die mich 13,5 Jahre durch die großen und kleinen Stationen des Lebens begleitet hat: Cleo!

1000 Dank für das Lesen, Mitdenken und Kommentieren an: Katrin Helm, Dr. Dagmar Wegner, Carsten Bruhn, Lotta Wolf, Dr. Doris und Ernst Kleinholz, Mathias Pohl, Katharina Kreutzmann und Stephanie Simons-Castrischer. Vielen Dank für die großartige visuelle Unterstützung an Jeanne Lohff und Jörg Neuwerth. Ich danke von Herzen Jörg, Theresa, Pauline, Louis und Samson, die für die Verwirklichung dieser Idee auf wertvolle Familienzeit mit mir verzichtet haben.

Sie finden im Folgenden zunächst allgemein gehaltene Informationen rund um das Thema „Schulhund" als Einstimmung für Sie oder als Handouts für ein Gruppenpuzzle oder ein Platzdeckchen. So können Sie und Ihre Schüler und Schülerinnen sich einen Überblick verschaffen und erste Ideen sammeln. Daran schließen sich Arbeitsblätter für Ihre Klasse(n) an (zu erkennen an der Hundepfote in der Kopfzeile). Sie beschäftigen sich mit Vorstellungen, Erwartungen, Wünschen, Regeln, aber auch möglichen Ängsten. Sie können diese Materialien vor der Konzeptfindung einsetzen, um ein Stimmungsbild zu erhalten, direkt vor dem Einsatz des Hundes in der Klasse, um alle auf einen Stand zu bringen bzw. mitzunehmen oder um das Zusammenleben und -arbeiten konkret vorzubereiten, oder aber zu jeder Zeit während das Projekt schon läuft in der eigenen Lerngruppe oder in anderen Klassen. Ein wichtiger Tipp vorab meinerseits: Haben Sie immer offene Ohren und führen Sie regelmäßig Gespräche mit den Schülerinnen und Schülern, den Eltern, den anderen Lehrkräften und anderen Schulbeteiligten. Mögliche Schwierigkeiten, Ängste, Bedenken können so frühzeitig aufgegriffen und gemeinsam angegangen und gelöst werden. Im Anschluss an die Arbeitsblätter finden Sie verschiedene Hinweise und Materialien für Ihre Hand – zur konkreten Projetplanung, -durchführung, zu Zwischenanalysen und möglichen Problemfällen.

Ich wünsche Ihnen viel Erfolg und herrlich viel Spaß beim Lesen, Vorbereiten und Umsetzen!

Die Autorin

Dr. Christine Wieckenberg arbeitet als stellvertretende Leitung des Referats Schulaufsicht und schulfachliche Beratung im Erzbistum Hamburg. Sie hat eine Praxis für Kinder-, Eltern- und Jugend-Coaching, war zehn Jahre Schulleitungsmitglied am Gymnasium, arbeitet beim Klett-Verlag als Lektorin, Dozentin und Autorin im Bereich Englischunterricht, gibt Lehrer- und Schulleitungsfortbildungen on- und offline und hat an drei Universitäten angehende Lehrkräfte ausgebildet.

Sie hat in Kiel und Amerika studiert und in englischer Sprachwissenschaft promoviert. Ihre Unterrichtsfächer am Gymnasium sind Englisch, Geschichte, Philosophie, Theater, Musik, *Social Sciences* und *Drama Studies*, in die sie ihre Hunde begleitet haben. Sie kennt Schule, liebt die Arbeit mit Menschen und hat immer gerne unterrichtet. Ihre persönlichen Interessensschwerpunkte in Schule umfassen u.a. Coaching für Schülerinnen, Schüler und Familien, bilinguales Lehren und Lernen, bewegter und bewegender Unterricht sowie hundegestützte Pädagogik.

Sie lebt mit ihrer Familie und ihren beiden Hunden in Hamburg. Als zweifache Mutter und mit einer erwachsenen Pflegetochter sowie einer Stieftochter im Teenageralter kann sie sich gut in die Rolle von Eltern einfühlen.

Sie ist mit Hunden aufgewachsen, besitzt seit 1999 ein bis drei eigene Fellnasen, hat seit 2004 kontinuierlich Erfahrungen mit Hunden in Schule und Uniseminaren gesammelt, Bachelor- und Masterarbeiten zu tiergestützter Pädagogik an der Universität Hamburg betreut und ist Fachkraft für hundegestützte Intervention. Ihre breit gefächerten Erfahrungen bilden das Fundament für dieses Praxishandbuch zum Thema Schulhund.

A Von der Idee zum Hundeeinsatz – Wichtige Fragen vorab

Liebe Kollegen und Kolleginnen,

vielleicht spukt Ihnen die Idee der hundegestützten Pädagogik schon länger im Kopf herum? Vielleicht haben Sie auch schon einen eigenen Hund, von dem Sie sich wünschen, ihn als Schulhund einsetzen zu können? Oder Sie haben von anderen Schulen, Freunden, Bekannten oder Kollegen gehört, die das Projekt Schulhund bereits erfolgreich gestartet haben? Oder Sie werden von Ihren Schülerinnen und Schülern nach einem Klassenhund gefragt?

Im Folgenden habe ich einige der wichtigsten Fragen rund um das Thema Schulhund, die ich zu Beginn und von neuen Klassen gefragt wurde, zusammengestellt. Die Antworten geben Ihnen einen ersten Einblick und helfen bei der Planung.

Methodische Alternative:
Sie könnten auch Ihrer Lerngruppe die Fragen als Vorbereitung geben, eine Gruppenarbeit in Form eines Gruppenpuzzles oder ein Platzeckchen mit den Fragen und Antworten machen. Auch der Einstieg über ein Bild bietet sich an.
Ebenso ließe sich ein Elternabend zum Thema Schulhund mit diesem Material starten, dann müssen Sie wenig vorbereiten und Sie kommen mit den Eltern über die Fragen ins Gespräch.
Entsprechendes Material finden Sie auf den Seiten 8, 9 und folgenden.

Im Anschluss an die Fragen und Antworten richten sich Arbeitsblätter an Ihre Schülerinnen und Schüler, die sich zwar mit Kerninformationen rund um den Hundeeinsatz beschäftigen, vor allem aber die Lerngruppe(n) abholen, mitnehmen und motivieren sollen. Diese können im Vorfeld eingesetzt werden, um Ihre Klasse entsprechend zu motivieren und zu sensibilisieren, oder zum Nachsteuern und Ergänzen während des Hundeeinsatzes.
Im dritten Teil des Bandes geht es um die konkrete Arbeit für Sie: Grenzen, Chancen, Vorausdenken von Problemen, Konzeptarbeit, Einweihung der Eltern, Leitlinien sowie Arbeitshilfen und Vorlagen zum Projekt.

Wenn Sie sich dafür entscheiden, über die Fragen gemeinsam mit Ihrer Klasse, den Eltern oder dem Kollegium an Ihrer Schule in das Thema einzusteigen, finden Sie hier die Fragen, die ich ab Seite 10 ausführlich beantworte, zum Ausschneiden.

Wer entscheidet, ob ein Schulhund an einer Schule arbeiten darf?
Brauchen Schulhunde eine spezielle Prüfung?
Für welche Klassenstufen ist ein Schulhund gut?
Pension – Hunderente?
Arbeitszeit bzw. Einsatzstunden am Tag?
Was ist, wenn ein Kind Angst vor Hunden hat?
Kinder und Jugendliche aus anderen Kulturkreisen?
Schülerinnen und Schüler mit Hundehaarallergie?
Schulleben und Schulalltag?
Streichelpausen?
Ruhe – Pausen – Hundekörbchen?
Rausgehen in der Stunde?
Andere Hunde im Klassenzimmer?
Klassenarbeiten?
Klassenreisen?
Nach dem Unterricht?

Oder kommen Sie mit Ihrer Klasse / Ihrem Kurs / Ihrer Lerngruppe ins Gespräch:

Liebe Schüler und Schülerinnen,

habt ihr schon mal von einem Hund in der Schule, in der Kita, im Krankenhaus oder im Altenheim gehört? Überall dort helfen uns Hunde. Manche Hunde kommen als Besuchshunde in eine Schule für einen Tag oder einmal die Woche oder für ein Projekt oder eine Hunde-AG. Stellt euch aber vor, der Hund käme jeden Tag mit und wäre ein Klassenkamerad mit Fell oder aber ein Lehrer auf 4 Pfoten. Was möchtet ihr darüber wissen? Welche Fragen beschäftigen euch als erste, wenn ein Hund zu euch an die Schule oder in die Klasse kommt?

Eine weitere Möglichkeit wäre ein visueller Einstieg über ein Wimmelbild (Seite 9).

SCHULHUND
SCHULHUND
LOUIS
CLEO

Frage 1: Wer entscheidet, ob ein Schulhund an einer Schule arbeiten darf?

Wer das Hausrecht hat, entscheidet, und das ist im Regelfall der Schulleiter oder die Schulleiterin. Hier gilt es, Überzeugungsarbeit durch Studienergebnisse zum positiven Effekt der Tier- und hundegestützten Pädagogik und die eigene geplante oder absolvierte Ausbildung zu leisten. Hilfreich ist es, den Eltern- und Schülerrat mitzunehmen, dort Forschungsergebnisse zu präsentieren, Beispiele zu benennen und in den aktiven Meinungsaustausch zu gehen. Und dann ist die Selbstklärung wichtig und die Absprache mit der Schulleitung: Müssen wirklich alle vorher überzeugt sein? Nein. Ich habe gute Erfahrungen damit gemacht, zu informieren und Gedanken einzuholen, eine Testphase zu vereinbaren, einen Elternbrief zu schreiben und zu starten.
Die Idee für das hundegestützte Arbeiten kann letztlich von allen an Schule beteiligten Personen kommen: Eltern, Schülerinnen und Schülern, Lehrkräften, der Schulleitung oder dem Schulträger. Zu beachten ist, dass mitunter auch die Schulbehörde / das Bildungsministerium in das Vorhaben und die Umsetzung involviert werden sollte.

Frage 2: Brauchen Schulhunde eine spezielle Prüfung?

Jein. Einige Menschen finden eine besondere Prüfung für Schulhunde wichtig, so eine Art Hundeabi. Aber rein rechtlich gibt es keine einheitliche Regelung in Deutschland (s. Seite 48). Ich bin da zwiegespalten, denn ich als Besitzerin bin für meinen Hund verantwortlich und will, dass er den Kindern hilft und keinen Ärger macht. Deswegen versteht es sich von selbst, dass der Hund geeignet sein muss für diesen Job, insbesondere mit seiner Persönlichkeit. Mein Eindruck ist, dass bei Prüfungen oft zu wenig das Wesen in realen Situationen, sondern mehr ein Grundgehorsam geprüft wird, der letztendlich aber nicht entscheidet, ob der Hund den Schulalltag bereichert. Viel wichtiger ist, dass ich als Hundeführerin den Hund einschätzen und seine Signale lesen kann. Eine konkrete Schulhundausbildung hilft ungemein, wenn ich als Lehrerin beginne und wenn wir als Schulleitungen den Nachweis der Qualifikation suchen. Selbstverständlich ist aber auch, dass der Hund zuverlässig auf bestimmte Kommandos hört, wie *Komm*, *Bleib*, *Sitz*, *Platz*, *Aus* oder *Gib*. Ein Schulhund sollte vom Charakter her stressresistent und menschenfreundlich sein (das kann ruhig oder verspielt sein) und ohne Probleme auch mal auf die Decke geschickt werden können und dort bleiben. Eine Haftpflichtversicherung ist unabdingbar und natürlich muss ich als Besitzer dafür sorgen, dass der Hund gepflegt und geimpft ist.
Mit meiner Hündin Cleo habe ich in Hamburg den Hundeführerschein gemacht. Das ist ein wichtiger Test für alle Hunde in Deutschland zum Nachweis des Grundgehorsams. Außerdem habe ich, als meine Hündin noch jung war, die recht anspruchsvolle Begleithundeprüfung gemacht. Zusammen haben wir dafür viel trainiert. Prüfungsgegenstand war neben einer Klausur, u. a. auf einem Hundeplatz und im Straßenverkehr den Gehorsam des Hundes unter Beweis zu stellen. Grundsätzlich geht es meinem Empfinden nach bei solchen Prüfungen vor allem darum, sich als Team zu fühlen und so auch zusammenzuarbeiten. Daher betreibe ich gerne den Hundesport Agility mit meinen Hunden. Er fördert das Teamgefühl und die spielerische Zusammenarbeit von Hund und Mensch. Außerdem, und das darf bei der Arbeit als Schulhund nicht unterschätzt werden, sind Fährtenkurse und Spielekurse mit dem Hund empfehlenswert. Dabei lernt der Hund sehr unterhaltsame Tricks und Sie, wie Sie dem Hund noch weitere Tricks beibringen können.

Frage 3: Für welche Klassenstufen ist ein Schulhund gut?

Für alle! Viele der vierbeinigen Kollegen arbeiten in der Grundschule oder auch in Klassen und Schulen, in denen Kinder mit besonderen Handicaps lernen. Ich bin der Überzeugung, dass es bezüglich des Hundeeinsatzes keine Altersbeschränkungen gibt und geben sollte. Ich habe meine Hunde erfolgreich und gewinnbringend in den Jahrgängen 5–13 eingesetzt und auch eine Kita besucht. In einzelnen Lerngruppen könnte die Lautstärke zu einem Problem für einen Hund werden. Hier liegt jedoch die Chance: Erklären wir in dieser Klasse, dass der Hund sehr lautstärkeempfindlich ist, führt das in meinem Unterricht mit Hund immer sofort dazu, dass sich die Lerngruppen deutlich ruhiger verhalten. Die Lautstärkeempfindlichkeit meiner menschlichen Kollegen und Kolleginnen hat meine Klassen dagegen nie so sehr interessiert.

Frage 4: Pension – Hunderente?

Hunde werden nicht so alt, und daher ist wichtig, sich über das Thema Hundealter Gedanken zu machen. Es gibt eine Organisation, die empfiehlt, dass Hunde etwa im Alter von zehn Jahren in Schulhundrente gehen sollten. Mit Cleo bin ich zwei Jahre länger in die Schule marschiert. Sie blieb ab einem gewissen Alter zwar öfters auch mal in der Schlafbox in meinem Büro, aber sie hatte noch Freude an dem Trubel und war fit. Es ist sehr individuell, ab wann ein Schulhund in Rente gehen sollte. Letztlich sollten Sie als Besitzer das richtige Gespür dafür haben. Wichtig ist dabei jedoch, dass Sie sowohl sich und dem Hund als auch vor allem den Kindern/Jugendlichen die Möglichkeit bieten, sich zu entwöhnen und sich mit der Situation des Älterwerdens des felligen Klassenkameraden zu arrangieren. Denn vielleicht kommt nicht sofort ein neuer Schulhund oder ein weiterer Hund darf erst ausgebildet werden und selbst wenn, dann ist es eben nicht derselbe, der die Schulgemeinschaft schon eine Weile begleitet hat und zu einem Freund wurde. Wie bei allen Aspekten, die das Klassenklima und das Klassengefüge betreffen, ist es auch bei diesem Thema wichtig, im regen und offenen Austausch miteinander zu stehen, Rücksichtnahme und Empathieschulung zu trainieren und im Zweifelsfall Raum für Trauerarbeit zu gewährleisten.

Frage 5: Arbeitszeit bzw. Einsatzstunden am Tag?

Auch hier gibt es keine Pauschalantwort, nur Empfehlungen, denn jeder Hund ist anders. Eine Empfehlung lautet, dass ein Schulhund nur zwei Stunden am Tag im Einsatz sein sollte. Zum Vergleich: Drogen-, Lawinen- oder Spürhunde sind etwa 20 Minuten im Einsatz, dann brauchen sie erst einmal eine Pause. In der Ausbildung bei Sandy Lombardi beim DCI in Berlin haben wir als Faustregel für den Einsatz von Welpen als Therapie- oder Assistenzhund gelernt: 1 Lebensmonat × 5 Minuten.

Eine erhebliche Rolle bei der Planung der Einsatzstunden spielt jedoch die Einsatzart. Wenn ein Schulhund ein Klassenhund ist, also selbstbestimmt im Raum umherwandern, zwischendurch auf die Decke gehen und sich dann und wann mal eine Streicheleinheit abholen und auch einfach mal schlafen kann, gibt es genügend Ruhezeiten, in denen er weniger konzentriert sein muss und gefordert wird. Ein Hund, der in einer Hunde-AG verschiedenen Kindern folgen und gehorchen soll, Leckerchen sucht oder Spiele spielt, muss hingegen eine bestimmte Zeitspanne sehr konzentriert sein, da er gefordert wird.
Das A und O ist, dass der Hundeführer/Betreuer/Besitzer die Stresssignale erkennen kann, also z. B. starkes Hecheln als Zeichen für Unruhe oder Nervosität.

Frage 6: Was ist, wenn ein Kind Angst vor Hunden hat?

Manche Kinder haben, egal wie süß, lieb, zutraulich, umgänglich und lustig ein Hund wirkt, Angst vor Hunden. Das sollten wir sehr ernst nehmen, sowohl in der Planungsphase als auch während der Arbeit. Diese Kinder haben vielleicht mal eine schlechte Erfahrung gemacht oder die Eltern haben Angst und sie an ihre Kinder unbewusst weitergegeben. Manche haben auch noch nie einen Hund näher kennengelernt, sodass die Angst eher vor dem Neuen/Fremden besteht als vor dem Hund selbst. Führen Sie sich dabei immer vor Augen: Wir alle haben Angst vor etwas, oft vor allem vor dem, was wir noch nicht kennen. Angst hat immer einen Grund, aber sie scheint für Außenstehende mitunter irrational zu sein. Angst sollten wir immer ernst nehmen und sicheren Raum für Gespräche schaffen. In dieser Phase wäre es ungünstig, wenn die, die keine Angst haben, die Angst der Betroffenen nicht respektieren. Helft euch gegenseitig. Zur Überwindung der Angst habe ich einen Handlungsplan entwickelt, der bisher immer funktioniert hat (s. Seite 36ff.).

Frage 7: Kinder und Jugendliche aus anderen Kulturkreisen?

Hier ist grundsätzlich zu unterscheiden, dass es Kulturen gibt, die unser Haustierkonzept nicht kennen und vielleicht auch nicht ganz nachvollziehen können. Ich habe neulich mit einer Schulleiterin aus einer großen Stadt gesprochen, die neu an eine Schule kam. Sie selbst hat einen Hund und an ihrer Schule waren zwölf Hunde im Schuldienst. Aber sie hat schnell bemerkt, dass viele Jugendliche in den internationalen Vorbereitungsklassen Angst vor den Hunden hatten. Sie veranlasste, die Hunde vorerst nicht mehr in der Schule einzusetzen, um die Situation zu klären.
Schulhunde bieten die hervorragende Chance, dass alle Kinder und Jugendlichen ihre Angst vor Hunden in der Schule verlieren, da Hunde uns eben auch häufig im Alltag begegnen. Die positiven Effekte, die Schulhunde auf die psychosoziale Entwicklung von Kindern/Jugendlichen haben, können gerade auch bei Schülerinnen und Schülern anderer Herkunft und mit eventuell traumatischen Erlebnissen (Flucht, Trennung von Familienmitgliedern etc.) faszinierende Ergebnisse bewirken. Ein Hund ist nämlich ein perfekter Zuhörer und Tröster und kennt keine Sprachbarrieren. Aus meiner eigenen Arbeit kann ich nur berichten, dass ich wirklich schon viele Kinder/Jugendliche getroffen habe, die zunächst große Angst vor Hunden hatten. Zusammen haben wir – Cleo und ich – es immer geschafft, damit umzugehen. Wichtig ist, jedem seine Grenzen zuzugestehen und sie zu respektieren und klug damit umzugehen (s. Seite 36ff.).

Frage 8: Schülerinnen und Schüler mit Hundehaarallergie?

Die meistgestellte Frage und eine wichtige, die bei einem uninformierten Umgang zu schnell zu einem Abbruch des Schulhundeinsatzes führt. Das Thema Hundehaarallergie muss natürlich und sehr selbstverständlich ernst genommen werden, und es gibt Kollegen und Kolleginnen unter uns, die dann von einem Einsatz des Schulhundes absehen. Das kann ich gut verstehen und wird pauschal von Ausbildungsstätten oder Gesundheitsämtern angeraten, weil die Verantwortungsübernahme schwierig erscheint. Allerdings: Ich habe in all den Jahren nie einen Schüler, eine Schülerin reagieren sehen, auch wenn mehrere angaben, eine Hundehaarallergie zu haben. Mit Hundeangst und Hundehaarallergie lässt sich sehr gut umgehen und beides widerspricht dem Einsatz eines Hundes im Klassenraum – gemäß der Forschungsliteratur und meinen Erfahrungen – nicht. Vorsicht, Sorgfalt, Kommunikation und Hilfe sind natürlich eine Grundbedingung. Eine Hundehaarallergie – glücklicherweise reagieren nach Heyer und Kloke nur 2 % der Bevölkerung überhaupt allergisch auf Hunde – ist gemäß dem Robert Koch-Institut (Weber, Schwarzkopf, Robert Koch-Institut und Statistisches Bundesamt 2003) kein Hinderungsgrund für den pädagogischen Einsatz von Hunden, denn niemand reagiert auf <u>alle</u> Hunde allergisch! Zudem handelt es sich überwiegend um eine Kontaktallergie, d. h. wenn ein Betroffener / eine Betroffene die Hunde erst mal nicht anfasst, sind wir auf der sicheren Seite. Aber natürlich passen alle zusammen trotzdem gut auf, lüften und setzen denjenigen/diejenige in die Nähe von Fenster oder Tür. Nur bei allergischem Asthma ist meinem beratenden Kinderarzt zufolge Vorsicht geboten. Dann sollten in jedem Fall immer die Medikamente dabei sein. Einmal haben mich Eltern um eine Fellprobe für den Arzt gebeten, um sicher zu sein und Sorgen auszuräumen. Das ist unproblematisch und eine gute Lösung.

Frage 9: Schulleben und im Schulalltag?

• Streichelpausen?

Ich habe festgestellt, dass viele Kinder/Jugendliche im Schulalltag eine Streichelpause gebrauchen können. Manche sind traurig, weil sie sich mit den Freunden gestritten haben, bei manchen gibt es gerade mit den Eltern Streit, andere haben eine schlechte Arbeit geschrieben oder machen sich anderweitige Sorgen. Wir Menschen neigen in diesen Situationen zum Reden. Und eine Umarmung zwischen Lehrkraft und Schüler/Schülerin ist im Schulalltag, insbesondere in den höheren Jahrgangsstufen meist fehl am Platz. Sich aber die Nähe bei einem Hund zu suchen, ist erlaubt, und ihm das Herz auszuschütten, fällt oft leichter, denn er gibt weder Widerworte noch gibt er irgendwelche Ratschläge. Ein Hund erzählt auch nichts weiter, wovor viele Angst haben. Dem Hund gefallen diese Streichelpausen meistens genauso sehr.
Ich habe mich dazu entschieden, für diese Ruhepausen, die sogenannten Streichelpausen, eine Streichelecke in meinem Büro mit Sitzsäcken, Kissen und Decken einzurichten. In dieser Hundeecke kann man allein oder mit Freunden sein, sich ausruhen oder in Ruhe auch mal mit mir reden. Gleichzeitig ist dies aber auch der Rückzugsort für meinen Hund und mich. Brauchen wir oder ein „Hundeinsel-Kind“ – sprich Besuch in der Streichelecke – Ruhe, hängt ein entsprechendes Schild draußen an meiner Tür (s. Seite 45). Wenn Sie als Beratungslehrkraft, Schulsozialarbeiter oder Sozialpädagoge einen Büroraum haben, ist die Streichelecke/Hundeinsel leichter umzusetzen. Sonst überlegen Sie gemeinsam, ob es einen Raum geben kann oder die Streichelecke in die „Insel“ integriert werden kann, nur muss die Aufsichtspflicht gewahrt bleiben. Ein Aushang für die Tür sah bei uns so aus:

Brauchst du
- **Trost?**
- **eine Streicheleinheit?**
- **Ruhe und Entspannung?**
- **einen felligen Kumpel?**

Komm in die Hundeinsel!

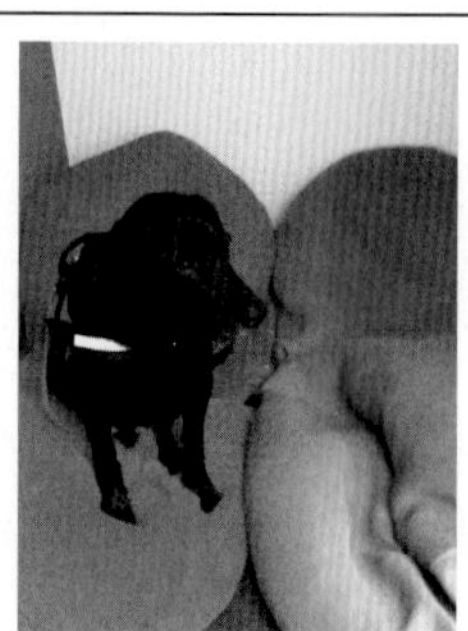

Ruhe – Pausen – Hundekörbchen?

So ein Schultag ist anstrengend für uns alle, Kinder/Jugendliche, Erwachsene, Lehrkräfte, Hausmeister, Schulbüro, Erzieher, Sozialpädagogen und Schulhunde. Wir sollten uns daher vor Augen führen, wie wir uns fühlen, wenn wir wirklich mal Ruhe brauchen und nicht gestört werden möchten. Wir ziehen uns zurück und genau so macht es auch ein Hund, nur kann er dies nicht vorab für jeden verständlich kommunizieren. Dieses Zurückziehen sollte unbedingt respektiert werden. Dafür sollte es feste Orte in der Schule geben und diese müssen der Schülerschaft bekannt sein. Eine Hundebox oder ein eigener Raum mit Schlafplatz ist aus meiner Sicht in jedem Fall erforderlich. Ich habe von anderen Kollegen gehört, bei denen der Schulhund im Zwischenraum zwischen den Kunsträumen oder in der Biologie oder im Keller seinen Platz hat. Alle diese Orte sind passend, Hauptsache der Hund kann sich zurückziehen. Ich habe meinen Hund gerne bei mir und bin dankbar für meinen eigenen Schreibtisch mit der Box daneben, aber diesem Luxus haben wir Lehrer/Lehrerinnen nicht alle. Im Klassenraum sollten immer eine Decke an einem leicht „verkehrsberuhigten" Ort, z. B. an der Wand neben dem Smartboard/der Tafel, und ein frisch befüllter Wassernapf sein. Wenn der Hund auf der Decke liegt, darf kein Kind ihn anfassen oder stören. Das ist eine feste und gut einzuhaltende Regel. Es ist schließlich nicht möglich, den Schulhund immer aus der Klasse zu bringen, wenn er eine kleine Pause braucht. Sie müssen sich, den Hund und die Klasse also entsprechend trainieren, dass die Decke Sperrzone ist. Aus meiner eigenen Erfahrung kann ich sagen, dass die Decke als Rückzugsort sehr unterschiedlich von den Tieren genutzt wird. Louis z. B. ist oft auf der Decke. Cleo hingegen liebte es, durch den Raum zu wandern, mal hier, mal da zu liegen, unter und neben den Tischen der Kinder/Jugendlichen, die Cleo dann, während sie z. B. schrieben, streichelten. Sie müssen da vorab und später in der Erprobungsphase mit dem Hund also einfach ein Auge draufhaben, wie es gut für Sie, Angstkinder, die Unterrichtssituation und die Hundepersönlichkeit passt. Im besten Fall können Sie Ihren Schülerinnen und Schülern ebenfalls das Empfinden vermitteln, wann der Hund mal Zeit für sich braucht.

Rausgehen in der Stunde?

Manchmal ist es nötig, dass der Hund während der Schulstunde an die frische Luft muss, auch um einem klassischen kleinen Hundebedürfnis nachzukommen. Dann geht ein Schüler mit ihm raus. Ich hielt es für sinnvoll, dafür folgende Regelung zu finden. An der Tür hängt eine Papiertasche / ein DIN-A4-Umschlag und darin ist ein sogenanntes Rausgeh-Schild. Dieses Schild nimmt sich der Schüler / die Schülerin, der/die mit dem Hund rausgeht, und legt es auf seinen/ihren Platz. Der Hund bleibt für diese kleine Auszeit an der Leine. Diese kleine Extrapause hat meiner Beobachtung nach außerdem den wunderbaren Effekt, dass das Kind danach viel konzentrierter im Unterricht ist. Einschränkend sei hierzu gesagt, dass die Rahmenbedingungen gewährleistet sein müssen, d.h., an der Schule müssen der Hund und diese Extrapause bekannt sein, das Gebäude muss direkt am Hof liegen mit einem kleinen Gebüsch in der Nähe und für Ausnahmenotfälle müssen auch Beutel für das größere Geschäft griffbereit sein, deren Entsorgung ebenfalls abgeklärt sein muss. Bei Cleo passierte dies nur einmal, und ich ging hinaus, um die Hinterlassenschaft aufzusammeln. Darüber würde ich mir keine allzu großen Gedanken machen, wenn der Hund vor der Schule ausgeführt wurde. Es kann folglich sinnvoll sein, darüber nachzudenken, Klassenräume zu tauschen und „Hundeklassen" in das EG / an den Hof zu verlegen.

• Andere Hunde im Klassenzimmer?

Viele Kinder und Jugendliche fragen, wann sie denn ihren eigenen Hund endlich mal mitbringen dürfen. Ich persönlich bin der Meinung, wir sollten es den Kindern durchaus ermöglichen, ihre eigenen Tiere mal mitzubringen und vorzustellen. Viele Biologie-Kollegen und -Kolleginnen erlauben dies regelhaft in der Beobachtungsstufe, also Klasse 5 und 6. Doch bevor dies innerhalb der Klasse geschieht, würde ich die Hunde immer vorher kennenlernen wollen, auch zusammen mit meinem Hund. Allerdings steht bei aller Tierliebe im Vordergrund, dass der Unterrichtsstoff geschafft werden muss. Wenn jede Stunde neue Hunde/Tiere dabei sind, dann wird das auf Dauer etwas viel, gerade auch wenn mein Hund dabei ist. Es sollte also vorab genau überlegt werden, ob Sie das zulassen wollen oder nicht. Falls Sie sich dafür entscheiden, würde ich empfehlen, im Vorweg ein Treffen mit den Tieren, dem Kind und den Eltern zu verabreden. Eine schöne Alternative dazu wäre, wenn Sie die Treffen mit der gesamten Klasse insgesamt in die Freizeit / in den Nachmittag verlagern oder mal ein entsprechendes Klassenfest organisieren, an dem auch die Eltern teilnehmen können. Das erfordert selbstverständlich viel Zeitinvestition außerhalb der regulären Arbeitszeit, aber Sie können so dem Wunsch der Kinder nachkommen und das zwischenmenschliche Verhältnis zwischen Ihnen, Ihren Schülerinnen und Schülern und den Eltern fördern und pflegen. Es ist aber auch vollkommen in Ordnung, diesem Wunsch der Kinder nicht nachzukommen. Ich habe immer auf das mögliche Tohuwabohu und die besondere Versicherungslage hingewiesen und dann eher ein Treffen am Nachmittag im Park oder einen gemeinsamen Spaziergang vorgeschlagen.

• Klassenarbeiten?

Hier kann ich sagen, dass ich damit wider meinen eigenen Erwartungen nur gute Erfahrungen gemacht habe. Streicheln beruhigt nicht nur im Unterricht, sondern auch in Klassenarbeiten. Ich habe tatsächlich beobachtet, dass die Kinder erfolgreicher sind, wenn die Hunde bei Tests und Klassenarbeiten – auch im Hauptfach Englisch – dabei sind. Zuerst war ich absolut gegen Klassenarbeiten mit Hund. Ich hatte Sorge, dass meine Schülerinnen und Schüler zu sehr abgelenkt werden. Aber meine 5. Klasse wollte die Hunde unbedingt in Englisch dabeihaben. Also habe ich mich auf einen Test nach einer ausführlichen Aussprache im Klassenrat eingelassen und wurde überzeugt. Sie hatten recht. Ich empfehle Ihnen, ebenfalls eine Pilotphase zu machen, falls Sie die Anwesenheit des Hundes während Klassenarbeiten in Erwägung ziehen. Grundsätzlich ist es aber natürlich auch absolut in Ordnung, solche Stunden als hundefrei zu gestalten, nur widersprechen wir dann selbst ein wenig den positiven Effekten.

• Klassenreisen?

Ich hatte Cleo schon mit auf einem Schloss, beim Skifahren und im Zeltlager. Dort teilte sie sich mit mir ein Zimmer oder ein Zelt. Das Problem bei solchen Aktivitäten ist, dass die Busse mitunter keine Hunde mitnehmen wollen oder dürfen oder einige Unterkünfte den Aufenthalt mit Hund nicht gestatten. Danach müssen wir uns natürlich richten, aber viele, gerade Unterkünfte für Klassenfahrten, sind da flexibel und offen. Sollte es an der Busfahrt scheitern, bin ich – wenn genügend Lehrkräfte zum Aufpassen im Bus dabei waren – auch schon mal mit dem Auto separat gefahren. Grundsätzlich bedeutet das Verreisen mit Hund und Schülerinnen und Schülern natürlich mehr organisatorischen Aufwand. Das sollten Sie wollen. Wenn Sie das nicht stresst, dann ist die Mitnahme des Hundes in jedem Fall lohnend und bereichernd. Ein kurzer Hinweis noch zum Zielort: Alle Orte, die Naturerlebnisse bieten, sind gut geeignet. Ein Städtetrip hingegen mit vielen Besichtigungsterminen eventuell weniger. Bei dem ersten Zeltlager an der Ostsee hätte ich zudem fast die Ruhepausen für Cleo vergessen ... Sie hat mich dann daran erinnert.

• Nach dem Unterricht?

Nach dem Unterricht bin ich noch häufig länger in der Schule: Vorbereitungen, Korrekturen, Konferenzen, Nachmittagsbetreuung, Elterngespräche, Meetings ... da bin ich nicht undankbar, wenn ich nachmittags Besuch im Büro bekomme von Kindern, die mit dem Hund auf dem Schulhof spielen oder einfach kuscheln wollen. Im Rahmen meines Schulhundprogramms sind diese Aktivitäten mit Cleo auch verabredet, oder aber die hundeerfahrenen Ganztagsbetreuer nehmen Cleo mit in den Ganztagsraum. Sobald es darum geht, ob Schüler und Schülerinnen den Hund am Nachmittag ausführen dürfen, also das Schulgelände kurzzeitig verlassen, müssen die Eltern nach ihrem Einverständnis gefragt werden, denn laut Gesetz muss ein Kind 14 Jahre alt sein, um einen Hund allein Gassi zu führen. Die meisten Ausbildungsprogramme untersagen es, den Hund abzugeben, das ist mir bewusst, nur habe ich vorher diese Erfahrungen gemacht und würde immer auf den jeweiligen Hund schauen wollen. Und ja, rechtlich sollten Sie das nicht tun. Meistens läuft es daher bei uns darauf hinaus, dass das Hund-Schüler-Gespann auf dem Schulhof direkt vor meinem Büro in Sichtweite bleibt. Außerdem bin ich bei Problemen oder wenn Hilfe benötigt wird so auch schneller vor Ort. Für diese Nachmittagszeiten habe ich mich dazu entschieden, Einführungskurse für die Schülerinnen und Schüler zu geben, damit sie wissen, was zu beachten ist. In meinem Fall ist es manchmal nach Absprache zusätzlich möglich, mich und die Hunde zu Hause zu besuchen. Meine Schülerinnen und Schüler bürsten dann die Tiere oder spielen mit ihnen. Diese Regelung ist sicher nicht für jedermanns Geschmack, und es obliegt ganz Ihnen und auch Ihrer Familie, ob es diese Offenheit mal geben darf.

Im Folgenden finden Sie zwei Übersichten, die zusammenfassend über Anforderungen und Bedingungen informieren.
Die erste Übersicht richtet sich an die Schule und damit an Sie als Lehrkraft.
Die zweite Übersicht ist ein Poster für die Klasse(n), auf dem beispielhaft die Regeln im Umgang mit einem Schulhund dargestellt sind.
Daran schließen sich Arbeitsblätter für Ihre Klasse(n) an. Darin geht es um die konkrete Arbeit, Anwesenheit und den Umgang mit dem Schulhund. Sie können diese sowohl vor der Einführung des Projekts an Ihrer Schule allgemein oder konkret vor der Anbindung der Klasse an die hundegestützte Pädagogik als Vorbereitung, zur Motivation bzw. zum Einstimmen nutzen.

Was brauchen unsere felligen Kollegen und Klassenkameraden an der Schule?

Was sich der Hund an der Schule, an der er arbeitet, wünscht:

- einen festen Platz in jedem Raum, z.B. immer eine Decke vorne neben der Tafel
- einen Wassernapf
- zwischendurch Pausen zum Rauskommen und kleines Geschäft verrichten
- regelmäßige Ruhepausen mit der Möglichkeit, sich zurückzuziehen, am liebsten an einem festen Ruheplatz (z.B. im Schulbüro, bei der Schulleitung, in einem Fachschaftsraum, im Keller, in der Bibliothek ... je nach Absprache) – eine Transport-Hundebox mit einer Decke eignet sich dafür sehr gut
- eine feste Bezugsperson, die seine Körpersprache versteht, wenn er eine Pause braucht, Stress bekommt, eine Situation verlassen will

Was Hunde gerade am Anfang ihrer Tätigkeiten nicht so gerne mögen:

- lautes Stühlerücken
- Musikunterricht ist oft zu laut, Theaterunterricht ist oft zu wuselig und in den Chemieunterricht etc. darf der Hund nicht mit, da dort zu viele Dinge sind, die gefährlich sein können.
- zu viele Kinder auf einmal in den Pausen oder in den Gängen

In meiner Schule haben Eltern und Schüler nach einiger Zeit angemerkt, dass sie es für unfair halten, dass der Hund nur bei mir im Unterricht dabei ist. Hier könnten Sie darauf hinweisen, dass es ein Hund-Mensch-Team gibt, das sich kennt und eingespielt ist. Dieses Team ist schließlich auch zusammen ausgebildet worden. Sicherlich gibt es Konzepte und Möglichkeiten, den Schulhund flexibler einzusetzen. Das sollte aber genau erörtert werden und eine Testphase, insbesondere auch für den Hund, durchlaufen. In meinem Fall kannten einige Kollegen Cleo und mich schon lange und wir sie auch. Außerdem zeichnete sich Cleo immer als ausnahmslos zuverlässig und stressresistent aus. Daher konnte ich Cleo auch mal mit zu anderen in den Unterricht lassen. Aber dies erforderte selbstverständlich auch eine gewisse Vertrauensbasis und Vorbereitung. Ich habe z.B. Tipps für mein Kollegium und die Schulleitung aufgeschrieben (s. Seite 36ff.).

Im Großen und Ganzen gilt bei allen Facetten des Schulhundeinsatzes: kommunizieren, ausprobieren und gemeinsam mit allen Beteiligten ein gutes Konzept finden, das immer offen für Diskussion, Anpassungen und Erweiterungen ist.

Schulhundregeln

I. Mit RESPEKT behandeln!

- Ich möchte nicht geärgert oder erschreckt werden oder dass jemand mir wehtut.
- Leine und Halsband hängen an meinem Hals, da bin ich empfindlich, bitte daher kein Zerren daran.
- Wenn mich alle ständig rufen, meinen Namen sagen oder mir Kommandos geben, komme ich durcheinander und weiß nicht, was ich tun soll.
- Wir Hunde können Angst bekommen, wenn wir bedrängt werden oder sich jemand auf uns legt.
- Bei Ziehspielen könnte ich bei all dem Spaß vergessen, dass Menschen anders spielen und weniger die Zähne einsetzen, daher lassen wir lieber solche Spiele, damit es keine Missverständnisse gibt.
- Komm immer von vorne zu mir, damit ich sehen kann, wer kommt.

II. VERSORGEN!

- Wassernapf mit frischem Wasser füllen
- Decke mit in den Klassenraum nehmen und an einen festgelegten Platz legen
- Müll oder Essensreste könnten mich krank machen, bitte aufheben und den Mülleimer hochstellen.
- Nur der Lehrer / die Lehrerin weiß, was und wann ich fressen darf.
- Die Leine bleibt immer dran, es sei denn euer Lehrer / eure Lehrerin sagt etwas anderes.

III. Auf KÖRPERSPRACHE und SIGNALE achten!

- Hecheln = müde, viel gelaufen, Stress, Schmerzen oder zu warm
- Jaulen = muss raus, Situation ist unangenehm oder es tut etwas weh
- Umherlaufen = muss raus, will Ruhe, ist unruhig

IV. RUHE!

Die Decke ist meine Ruhezone, mein Rückzugsort, und da möchte ich nicht gestreichelt werden, damit ich mich mit so vielen Menschen und Gerüchen im Raum wohlfühlen kann.

AB 1: Hey, ich bin Cleo. Und wer bist du?

Hallo!
Ich habe schwarze Locken, ein seidig weiches Fell und eine rabenschwarze nasse Nase.
Ich wohne in Hamburg und habe eine coole Meute: meinen schwarzen vierbeinigen Stiefbruder Louis und ganz viele Zweibeiner: meine Schwestern Helene und Louise, meine Adoptivschwester Susa und meine Stiefschwester Filine, Papi Georg und Mami Tini.
Ich bin 12 Jahre alt und gehe jeden Tag in die Schule. Du glaubst mir nicht? Dann erzähle ich dir mal, wie das kam.

Wie kam ich in die Schule?
Als ich ein Welpe, also ein Hundebaby, war, hatte mein Frauchen schon einen Hund. Der war ein heller Labrador namens Odin, der ein super Torwart war und den die Kinder aus der Schule immer mit beim Wandertag haben wollten. Mein Frauchen ist nämlich Lehrerin bei größeren Kindern. Aber sie hat auch mal im Kindergarten gearbeitet und mein Kumpel Odin war da auch manchmal mit.
Odin hat mir alles gezeigt: Schwimmen bei Wellen, Schuhe bringen, Pfote geben und wie man in der Schule sein muss. Da gibt's auf jeden Fall andere Regeln als beim Spaziergehen, mein Arbeitsrevier heißt Schule.

Warum ist ein Schulhund eine gute Idee?
Viele Wissenschaftler und Bücher führen eine Menge gute Gründe und Ziele zu dem Thema Hunde in der Schule auf.

Aufgaben:

1. Welche drei guten Gründe für einen Schulhund findest du am wichtigsten? Kreuze an.

   - ☐ Ein Hund schult die Empathie, sodass man sich besser in andere einfühlen kann.
   - ☐ Ein Hund stärkt sozial und emotional, d.h., man nimmt Klassenkameraden besser wahr und redet mehr miteinander, so hat man mehr Sozialkontakte.
   - ☐ Man lernt, die Körpersprache von Hunden zu lesen. So übt man Kommunikation auf anderen Ebenen.
   - ☐ Durch einen Hund trainiert man klares Auftreten, da Hunde Klarheit brauchen.

Blatt 1

- ☐ Hunde fördern die psychosoziale Entwicklung, da Hunde auf eine andere Art einen Zugang zu Emotionen ermöglichen und verborgene Seiten einer Persönlichkeit aufzeigen können.
- ☐ Hunde sorgen für mehr Wohlgefühl und Stressfreiheit im Klassenzimmer, weil sie schlafen und man sie streicheln kann, dadurch entsteht mehr Ruhe im Klassenzimmer und die Lernatmosphäre wird entspannter.
- ☐ Hunde vermitteln ein Gefühl von Sicherheit.
- ☐ Durch einen Hund übt man das Einhalten von Regeln und Pflichten und man lernt, mit einem Tier umzugehen.
- ☐ Man fühlt sich von Hunden oft mehr angenommen und akzeptiert als von Klassenkameraden.
- ☐ Menschen haben den Wunsch nach Naturerlebnissen, schlau gesagt heißt das Biophilie, und Hunde helfen dabei, diesen tiefen Wunsch zu leben.
- ☐ Beim Streicheln eines Hundes wird das Glückshormon Oxytocin ausgeschüttet.
- ☐ Hunde sind gute Zuhörer und sie meckern nicht, sodass man sich hier nicht nur etwas von der Seele reden, sondern auch das Vorlesen üben kann.

2. Fallen dir noch weitere Gründe für einen Schulhund ein?

____

____

____

____

____

3. Fallen dir vielleicht auch Gründe ein, die gegen einen Schulhund sprechen?

____

____

____

____

____

Blatt 2

AB 2: Was kann ich noch: Meine Tricks

Wenn mein Frauchen eine Klasse belohnen will, z. B. wenn alle ganz besonders toll mitgearbeitet oder super gelernt haben und sie bei einem „*Exam*“ zu Hause nicht so viel korrigieren musste, dann darf ich manchmal die Belohnung sein, was auch mir großen Spaß macht. Wenn jemand noch etwas Angst vor mir hatte, ist spätestens nach meiner Trickvorführung alles gut.

Ich kann nämlich besondere Kommandos:

Komm auf den Schoß:	auf den Schoß springen
Slalom:	Slalom um die Beine machen
Kriech:	auf dem Boden kriechen
Unter durch:	unter einem Stuhl hindurchschlängeln
Hopp:	über Tisch oder Stuhl springen
Pfote:	eine Pfote geben und wenn jemand dann sagt: „Andere Pfote“, tausche ich die Pfoten und gebe die andere
Männchen:	Männchen machen
Rolle:	einmal um mich selbst kugeln
Dreh dich:	auf den Hinterpfoten im Kreis drehen
Sing mal:	jaulen
Gib Laut:	bellen
Bring den Schuh:	einen versteckten Schuh suchen und ihn zurückbringen

So hat jeder Hund seine Vorlieben, mein Frauchen nennt das Hobby. Mein Stiefbruder Louis kann Seifenblasen fangen, das finden die Kinder in der Schule oder bei uns zu Hause beim Kindergeburtstag total super.

Mein alter Kollege Titus konnte alle Kommandos auf Englisch und der konnte sogar „Smile“. Weißt du, was das heißt? Lächeln. Und da hat der immer eine Lefze, also eine Lippe, hochgezogen. Hast du schon mal einen Hund lächeln sehen?

Aufgabe:

Kennst du andere Tricks, die Hunde können? Welche Tricks findest du besonders toll?

____

____

AB 3: Meine Schulkleidung

Hast du eine Schuluniform?
Viele Kinder in Deutschland tragen ja keine. Ich war mal campen in England und Schottland und da hatten viele Kinder auf der Straße eine an. Ich fand das hübsch.
Ich trage meine Schuluniform sehr gerne. Alle wissen, was und wer ich bin.
Ich habe ein Geschirr, eine Art Weste, in Türkis und Schwarz, auf der steht in Rosa mein Name und auf der anderen Seite Schulhund. Jaja, eigentlich bin ich eine Schulhündin, aber das passte nicht auf den Aufnäher und ich sehe das als meine Berufsbezeichnung. Ist nicht so schlimm. Mein Stiefbruder Louis, ein schwarzer Labrador-Jagdhund-Mischling, hat's da leichter mit Schulhund und Louis. Bei ihm steht es in Blau auf dem Geschirr.

Andere Hunde tragen gelbe, orange oder rote Westen. Gut ist, wenn wir im Dienst erkennbar sind und jeder weiß, dass wir gerade unseren Job machen.
Mein Frauchen sagt, dass es auch für mich gut ist, dass ich durch das Tragen der Weste erkenne, wann ich zur Arbeit gehe. Sie hat schon recht, wir Hunde mögen Rituale, aber ich erkenne schon, wenn sie ihre Schultasche und meine Leine nimmt, dass wir zur Arbeit gehen.

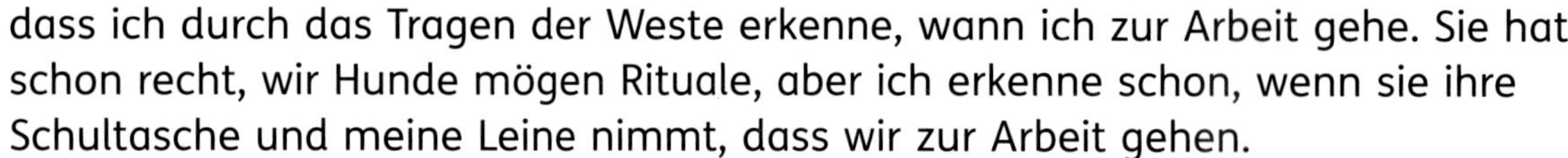

Mein Frauchen überlegt, ob sie mir lieber ein Halstuch umbindet, weil das weicher ist und für die Kinder beim Streicheln gemütlicher. Sie will selbst eines nähen, d.h., ich bleibe bei dem Geschirr …
Möglich wäre auch, durch die Farbe zu verdeutlichen, ob ich gestreichelt werden darf oder gerade eine Pause brauche. Also z.B. wenn ich ein rotes Halstuch trage, könnte das heißen: *Bitte nicht streicheln, ich habe eine Pause.* Grün z.B. könnte bedeuten: *Ich freue mich über Streicheleinheiten.*
Manchmal steht auf den Westen oder Geschirren meiner felligen Kollegen auch Therapie- oder Assistenzhund, Co-Pädagoge oder eben Schulhund oder auch nur der Name. Das hängt von unserer Ausbildung ab und, ganz ehrlich, am meisten von der Vorliebe unserer Herrchen oder Frauchen.

Aufgabe:

Wie würdest du mich als Schulhund erkennbar machen oder mich anziehen? Warum?

___

___

___

AB 4: Hast du schon mal etwas von Hundesprache gehört?

Manche Kinder erzählen mir, dass sie mich einfach nicht verstehen, weil sie keine Hunde kennen. Mein Frauchen hilft mir dann zu erklären, dass man das prima lernen kann. Schließlich sprechen wir Hunde eine Sprache, und Sprachen kann man lernen.

Aufgaben:

1. Welche Sprachen sprichst du?

____

Ich kann Hündisch und Menschisch.
Hast du schon mal was von Körpersprache gehört? Diese Sprache sprechen Hunde und Menschen, aber das wissen viele Menschen gar nicht. Von den Menschenwörtern verstehe ich nur einige: Raus, Leine, Fressen, Spaziergang, Los ... Aber die Sprache der Körper verstehe ich, denn so kommunizieren wir Hunde untereinander.
Wenn ich meinen Schwanz bis unter den Bauch klemme, dann habe ich Angst. Wenn mein Po oben ist und ich mich mit den Vorderpfoten und dem Oberkörper hinlege, fordere ich zum Spielen auf. Wenn ich mit dem Schwanz (der Hundeprofi nennt ihn übrigens Rute) wedele, freue ich mich (meistens), manchmal wedele ich vorsichtig, z. B. wenn ich verlegen bin. Das erkennst du auch an meinem Gesichtsausdruck: Ich lege dann den Kopf schräg und gucke schräg von unten hoch und halte die Ohren ganz eng am Kopf. Wenn ich mich richtig freue, blicke ich geradeaus und meine Ohren stehen hoch. Ja, selbst meine Schlappohren kann ich aufstellen, wenn ich aufmerksam bin, oder anlegen, wenn ich nervös bin.
Katzen und Pferde kannst du auch verstehen lernen.
Kannst du Katzisch? Die ist ganz anders als meine Sprache. Wenn eine Katze mit dem Schwanz wedelt, steht ein Angriff bevor, bei mir zeigt das Freude.
Eigentlich musst du immer nur auf meine Ohren und den Schwanz achten, um zu wissen, wie ich denke und ticke. Dazu kommen dann noch mein Blick und meine Körperhaltung und auch meine Stimme. Beobachte einfach mal und frag einen Hundebesitzer.

Blatt 1

Ich habe dich noch gar nicht gefragt, wie gut du dich eigentlich mit Hunden auskennst.

2. Und? Tust du? Hast du vielleicht einen Hund als Haustier oder bist sonst oft mit Hunden zusammen? Was findest du an Hunden besonders toll?

____

____

____

____

Uns Hunde zeichnet eine Sache besonders aus und die ist für Menschen nach meinen Beobachtungen oft schwer nachvollziehbar: Wir Hunde wollen gefallen. Hundeprofis nennen das den „will to please“.
Mir macht es Spaß zu arbeiten, meine Fähigkeiten einzusetzen und ein Team mit meinem Frauchen zu sein. Ich glaube, dass das nicht allen Schülerinnen und Schülern so geht. Warum verstehe ich nicht so recht, aber ich verstehe Menschen eh nicht immer. Für mich spielen z. B. Vergangenheit und Zukunft auch keinerlei Rolle. Ich lebe im Hier und Jetzt, kann immer und überall schlummern, finde Essen super, sage klar und deutlich, wenn ich andere Hundekumpels doof finde, mag lernen und spielen, schlafe am liebsten als Rudel, genieße Spazierengehen, finde versteckte Leute ganz schnell, und ich meckere nicht, also meistens zumindest nicht …

3. Was zeichnet dich aus? Was machst du gerne und nicht so gerne? Was ist dir wichtig im Leben, was eher unwichtig?

____

____

____

____

____

____

Blatt 2

AB 5: Regeln für Mensch und Tier

Natürlich gibt es im Zusammenleben von allen - Mensch mit Mensch oder Mensch mit Tier oder Schüler und Hund - Regeln.
Meine Rudelschwester, die Tochter von meinem Frauchen, hat als Kind zwei erste Regeln gelernt: „Bei Rot bleibt man stehen, bei Grün darf man gehen."
Und: „Nach dem Klo und vor dem Essen Hände waschen nicht vergessen."

Aufgaben:

1. Kennst du diese Regeln auch? Was war deinen Eltern sehr wichtig, was du als Erstes lernst? Kannst du dich erinnern? Sonst frag doch mal zu Hause nach.

   ____

   ____

   ____

   Ich musste z.B. lernen, dass Menschen vom Tisch essen, aber ich nicht. Im Hotel schlafe ich auf einer Decke, nicht im Bett, und an der Bordsteinkante mache ich Sitz.
   Auch Kinder in der Schule müssen sich an Regeln halten, insbesondere wenn ich mitkomme. Mein Frauchen hat eine Liste mit Regeln dafür aufgestellt und bevor ich in eine Klasse gehen darf, werden die laut vorgelesen.

2. Kannst du dir vorstellen, was das für Regeln sind? Schreibe zwei Regeln auf, die du wichtig findest im Umgang mit Hunden.

   ____

   ____

   ____

3. Eure Lehrkraft teilt euch die Regeln im Umgang mit einem Schulhund aus. Besprecht die Regeln. Versteht ihr alles? Fehlt aus eurer Sicht vielleicht etwas?

   ____

   ____

   ____

Blatt 1

Für mich gibt es natürlich auch Regeln. Das ist vor allem auch wichtig, weil manche Menschen Angst vor Hunden haben, sogar vor mir. Immer wieder kommt es vor, dass Kinder als Babys einem großen Hund im Park gegenübergestanden haben, der ihnen das Brötchen stiebizt oder neugierig in den Kinderwagen geluschert hat.
Ich habe Kumpel, die sind neugierig, frech, tollpatschig oder selbst noch Babys und wissen es einfach nicht besser. So etwas habe ich auch schon gesehen, wenn ich mit meiner Familie unterwegs war. Ich finde, dass meine vierbeinigen Freunde gar nichts dafürkönnen. Ihre Herrchen oder Frauchen sind gefragt.
In meinem Rudel passe ich auf unser kleinstes Mitglied auf. Als sie gerade laufen gelernt hatte, ist ein schwarzer Labrador jedes Mal im Park auf sie zugestürmt. Ich habe mich dann immer vor sie gestellt, damit er sie nicht umrennt. Aber stellt euch vor, ich hätte gerade etwas anderes zu tun gehabt? Was passiert denn dann? Und wer hilft den Kindern, die keinen Hund als Babysitter haben? Das mag ich mir gar nicht vorstellen. Da kann ich auch verstehen, dass manchmal Menschen vor mir Angst haben.

Meine Regeln

- Ich muss regelmäßig zum Tierarzt, der meine Gesundheit überprüft, mich impft und mit meinem Frauchen aufpasst, dass ich Schutz gegen Flöhe, Zecken und Würmer habe. Die will mein Frauchen weder in der Schule noch zu Hause haben. Die Untersuchung wird in meinen blauen Hundepass eingetragen, mein Frauchen kopiert das und legt die Kopie in meinen Ordner im Büro, denn jeder darf das natürlich nachschauen.
- In der Schule bleib ich immer an der Leine.
- Ich darf da nicht laut bellen.
- Ich darf den Kindern nicht das Pausenbrot und auch kein anderes Essen mopsen. Wenn ich im Klassenzimmer liege, riecht das oft verführerisch auf meiner Nasenhöhe. Mmmmhhhh, Salamibrot, Camembert, Möhren, Bananen ... Und ich darf auch nicht um Essen betteln.
- Wenn die Kinder eine Klassenarbeit schreiben, darf ich nicht jaulen. Vorher geht immer noch einmal schnell jemand mit mir zum Gebüsch.

Blatt 2

AB 6: Willst du mich noch besser kennenlernen? Meine Hundepersönlichkeit

Also, du weißt natürlich schon, dass ich Cleo heiße. Ich bin 12 Jahre alt, gesund und gehe jeden Tag zu meiner Arbeitsstelle. Allerdings meint mein Frauchen, dass ich bald nicht mehr neben unserem Lastenrad auf dem Weg zur Schule herlaufen, sondern lieber drinsitzen sollte. Das werden wir ja noch sehen. Aber wie ihr Menschen werde ich natürlich auch älter. Ihr denkt jetzt sicher, 12 Jahre ist doch nicht alt. Aber man rechnet als Faustregel unser Hundealter mal 7, um das Menschenleben herauszufinden. Ich bin in Menschenjahren also schon 84 Jahre alt – eine alte Dame ... Wie alt bist du denn als Hund? __________
Grundsätzlich brauchen wir übrigens viel mehr Schlaf als ihr Zweibeiner, sonst können wir nicht ausgeglichen und entspannt mit euch arbeiten.
Ich frag mich immer, wo meine zweibeinigen Kollegen zwischendurch schlafen. Aber vielleicht machen die das so wie ich einfach auch unterm Tisch oder auch mal mit offenen Augen. Hauptsache ausruhen.
Hunden sagt man nach, dass sie sehr einfühlsam sind und sogar Krankheiten erschnuppern können. Ich z.B. bekomme schnell mit, wenn ein Kind müde oder traurig ist. Das mag ich nicht, daher leg ich mich dann gerne zu ihm.

Meine Hobbys

Was machst du denn gerne? Die Schülerinnen und Schüler fragen mein Frauchen immer, welche Hobbys ich habe. Ich glaube, das fragt man sich so als Mensch untereinander. Sie sagt dann, dass mein Lieblingsspielzeug Tennisbälle sind. Und das stimmt: Wenn wir irgendwo zu Besuch sind, wo auch Kinder oder Tennisspieler wohnen, finde ich unter Schränken und Kommoden immer Tennisbälle. Ich habe mein Frauchen trainiert, dass es, wenn ich mich laut schnuppernd mit der Schnauze unter einen Schrank lege, so weit ich irgendwie drunterkomme, dann aufsteht und für mich darunterkrabbelt. Die meisten Leute schenken mir dann den Ball. Guter Trick, oder?
Außerdem liebe ich es zu apportieren, d.h. Sachen bringen. Ich finde super, wenn Gäste in meinem Haus ihre Schuhe nicht auf den Schrank stellen, dann kann ich riechen, wo die Schuhe schon überall waren und was sie erlebt haben, und wenn die Gäste dann sagen: „Bring den Schuh“, dann bringe ich ihnen ihre Schuhe. Manchmal vertausche ich die Besitzer, aber das schaffen die dann alleine.

Babysitter – Mein Job zu Hause

Mein Frauchen sagt immer, dass ich der beste Babysitter aller Zeiten bin. Schon als unser erstes Rudelbaby noch ganz klein war, habe ich immer draußen neben dem Kinderwagen während des Mittagsschlafes geschlummert und erschnuppert, wenn sie wach wurde. Ich habe dann Frauchen geholt. Frauchen streichelt mich dann und lobt mich: „Cleo, du bist der beste Babysitter. Ich hätte erst gemerkt, dass sie wach wird, wenn sie schon geweint hätte. Danke schön.“ Danach kann ich dann beruhigt

Blatt 1

ein Nickerchen im Garten oder Körbchen machen, bis ich aufpassen muss, dass sie nicht von der Krabbeldecke runterrobbt, und ich sie sanft zurückstupsen muss. Später brauchte sie meine Hilfe, um aufs Sofa zu kommen ...

Und was ist deine Lieblingssportart, Cleo?
Ich liiieeebbbeee Schwimmen. Bist du auch schon mal im Meer geschwommen? Das Wasser glitzert, man kann in die Wellen springen, tauchen und Steine hochholen, reinlaufen – herrlich! Hast du schon mal versucht, dich in eine Pfütze zu legen? Ich mach das andauernd, um zu testen, ob ich darin schwimmen kann. Klappt nicht, aber ich bin immer ein bisschen schwärzer, wenn ich nach Hause komme. Auch herrlich. Viele erzählen mir in unserer Plauderzeit über den Sport, wie sie Tore schießen, dass am Wochenende der Schiri doof war, dass das manchmal ganz schön anstrengend ist mit Sport und Schule und Training, oder manche haben auch Angst, im Sport nicht gut abzuschneiden, weil die Eltern dann sauer sind.

Aufgaben:

1. Machst du Sport? Und hast du schon mal ein Turnier gespielt oder an einem Wettkampf teilgenommen?

___

___

___

Kennst du Agility oder hast du das Wort schon mal gehört? Das ist wie Springreiten für Hunde, aber ohne Reiter natürlich. Ich springe über Hindernisse, laufe durch Tunnel, über Stege oder Wippen, springe durch Reifen. Und mein Frauchen zeigt mir, wenn sie sich die Reihenfolge merken kann, den Parcours, also die Reihenfolge der Hindernisse. Und das Ganze geht auf Zeit. Spannend, sag ich euch. Da müssen wir ein gutes Team sein. Manche Lehrer/Lehrerinnen bauen solch einen Hindernislauf auch in einer Hunde-AG oder einer Spielstunde mit Schulhund auf. Das solltet ihr unbedingt mal machen.

2. Hast du Lust einen Agility-Parcours für Cleo aufzuzeichnen? Vielleicht hilft es dir, vorher ein Video über z. B. eine Weltmeisterschaft zu sehen.

Blatt 2

C Detailinformationen, Planung, Konzept, hilfreiche Materialien

Liebe Kolleginnen und Kollegen,

Sie haben sich nun mit den ersten Schritten und Gedanken zum Thema „Schulhund“ befasst. Vielleicht haben Sie auch schon das ein oder andere Arbeitsblatt in Klassen eingesetzt oder zumindest mit den Klassen über das Projekt gesprochen. Wenn Sie jetzt weiterlesen, ist die Idee „Schulhund“ vermutlich schon in Ihrem Kopf zu einem Plan herangereift. Das freut mich! Ich greife hier noch einmal einige Aspekte aus dem ersten Abschnitt auf, die mir als besonders wichtig erscheinen.

Hundepersönlichkeit: Woher wissen Sie, dass Ihr Hund geeignet ist?

Eine meiner Ausbilderinnen aus Berlin würde darauf antworten: „Wenn der Hund phlegmatisch, offen, ansprechbar, souverän, lernfreudig, stressresistent, gut gebunden, nicht ängstlich ... ist.“ Ob Cleo all das ist? Nein, nicht alles, auf keinen Fall phlegmatisch, sondern wach und verspielt und sehr lernwillig. Und das weist schon darauf hin, dass das Unternehmen Schulhund eine sehr individuelle Angelegenheit ist. Wenn Sie sich noch nicht gut auskennen mit Hunden, also Hundeanfänger sind, oder auf der sicheren Seite sein möchten, könnten Sie Ihren Hund einen Wesenstest machen lassen. Die meisten Ausbildungen starten sowieso mit einem Wesenstest zur Eignung. Ihr Hund kann sich in diesem Wesenstest nur bedingt geeignet zeigen, das muss aber nicht zum Ausschluss von einem sozialen Einsatz führen. Sucht der Welpe Nähe, ist er kooperativ, vorsichtig, zugewandt, abgelenkt, selbstbestimmt ...? Das ist keine Garantie für eine Eignung, aber bietet einen guten Hinweis, welcher Hund aus dem Wurf zu Ihnen bzw. seiner zukünftigen Aufgabe passen kann. Bei Hunden aus dem Tierschutz wissen wir oft die Vorgeschichte nicht, aber wenn wir uns Zeit lassen, sie kennenlernen, nicht überfordern, kann ich persönlich zwei Erfolgsgeschichten berichten: Ich habe bereits einen völlig verschreckten Hütehund Bergers de Pyrenées, der acht Jahre in einem Zwinger saß und keine Menschen, Autos, Leinen, Geräusche, Spaziergänge kannte, sowie einen Golden Retriever aus einer Qualzucht, der kein Fell und blaue Haut als Stresssyndrom hatte und zum Angstbeißer geworden war, übernommen und sie später in der Schule mit bestem Gewissen eingesetzt. Der Retriever hatte ein besonderes Gespür für Außenseiter in Klassen und der kleine weiße Wuschel hat mit seiner Geschichte und seinem leisen, vorsichtigen Auftreten jede Angst vor Hunden genommen. Dennoch rate ich bei solchen Konstellationen zur Vorsicht. Für einen älteren Tierheimhund mit vermutlich unschöner Vorgeschichte s ollten Sie schon etwas Erfahrung als Hundebesitzer haben. Die Kombination Hundeanfänger, Problemhund aus dem Tierheim und Schulhundprojekt halte ich für sehr herausfordernd.
Vielleicht sind Sie aber schon sehr erfahren im Umgang mit Hunden, können einen Vierbeiner lesen und verstehen. Umso besser! Dann wissen Sie, ob dieser Hund die Aufgabe meistern kann, wie das Entwicklungspotenzial einzuschätzen ist, und das ist wirklich wichtig, denn wir haften mit der Tierhalterhaftpflicht schließlich für das Tun und das Benehmen.
Es geht darum, dass der Halter / die Halterin weiß, wann und wie der eigene Hund reagiert, was für den Vierbeiner leicht oder heraufordernd ist, welche Situationen noch Training oder Gewöhnung brauchen. Wenn Sie sich für einen Welpen aus einem Wurf entscheiden wollen oder einem

Hund aus dem Tierschutz helfen wollen und diesen Hund später in der Schule einsetzen wollen, könnten Sie zum ersten oder zweiten Besuch einen erfahrenen Hundetrainer, in Berlin z. B. vom DCI, hinzuziehen. Dieser kann nicht nur beim Besuch eines Wurfes nach sieben oder acht Lebenswochen begleiten, sondern auch die Hundepersönlichkeit testen und beobachten.

Und das Alter eines Schulhundes?

Tja, wann darf ein Hund starten? Das hängt von Ihnen, Ihrem Hund und seiner Persönlichkeit und Ihrer Vorerfahrung ab. Grundsätzlich ist nichts dagegen einzuwenden, Cleos junge Artgenossen an ihre Aufgabe heranzuführen, sie mit den Geräuschen und dem Schulgewusel vertraut zu machen. Aber: Bitte achten Sie darauf, dass ein Fellknäuel nicht überfordert wird. Den „wahren" Charakter eines Hundes erkennen wir zuverlässiger mit 18 Monaten, einige Hundeschulen und Ausbildungsinstitute nehmen die Schulhund- oder Therapiebegleithundeprüfung erst ab 12 oder 18 Monaten ab. Sie könnten auch nach der Ausbildung mit Ihrem Hund starten und vorher den Hund stundenweise mitnehmen und ihn gewöhnen. Hier kommt es sicherlich auch wieder auf Ihre Erfahrungen mit Hunden an und die Klassensituation. Als Anfänger würde ich empfehlen, dass Sie sich und Ihrem neuen vierbeinigen Partner auch erst mal eine gewisse Eingewöhnung gönnen, sodass Sie beide zu einem richtigen Team werden. Dann können Sie den Hund nach und nach an seine Aufgabe heranführen. Je länger Sie und der Hund sich kennen, umso schneller und genauer merken Sie, was sich für Sie beide gut und richtig anfühlt und wann mal Schluss ist mit dem Schultrubel.

Brauchen Sie Hilfe, um Eltern zu überzeugen?

Rein rechtlich ist es so, dass der Hausherr / die Hausherrin, also Schulleitung oder manchmal der Schulträger, über den Einsatz von unseren Fellkollegen und -kolleginnen entscheidet. Es ist allerdings ratsam, vorab gut zu informieren, alle Schulbeteiligten ins Boot zu holen und um deren Zustimmung zu werben. Es ist sicher auch eine gute Idee, einen Elternabend zu veranstalten oder einen Elternbrief zu verfassen, um die Vorteile zu erläutern und Bedenken zu begegnen und auszuräumen. An einer Grundschule, wenn der Schulhund viel oder hauptsächlich in ein und derselben Klasse ist, ist ein Elternabend wunderbar, an den weiterführenden Schulen, an denen der Hund in viele Klassen oder Kurse am Tag geht, ist meist ein Elternbrief sinnvoll – gut auch in der Kombination mit einem Elternabend oder einem Besuch in einer Elternratssitzung. Wenn Sie schon mehrere Projekte an Ihrer Schule eingeführt haben, kennen Sie Prozessabläufe. Hilfreich ist es in jedem Fall vor dem Start des Schulhundprojektes, sich Gedanken über den Ablauf der Einführung zu machen, alle Gremien zu informieren, die Schulkonferenz abstimmen zu lassen und so Bedenken zu begegnen und Ängste zu nehmen.

Der folgende Prozessablauf kann Hinweise geben, wie Sie das Schulhundprojekt angehen können. Selbstverständlich hängt der Ablauf mit der jeweiligen Schulkultur und der Schulorganisation zusammen.

Möglicher Ablauf eines Schulentwicklungsprozesses

- Hundefreund hat Idee und Lust – die Idee reift und bildet sich zu einem Plan aus.
- Hund-Mensch-Team findet und bildet sich.
- Idee wird der Schule vorgeschlagen mit einem Kurzüberblick.
- Schulleitung stimmt zu, bei Privatschulen meist Schulträger, mitunter ist auch hier schon die Schulaufsicht involviert.
- Schreiben des Konzepts, des Hygieneplans und Führen informeller Gespräche mit Kolleginnen und Kollegen, Schülerschaft und Eltern
- Schulhundbetreuer informiert Lehrerkonferenz und sammelt Feedback.
- Vorstellung der Idee in Schulgremien: Schülerrat, Elternrat, Schulkonferenz
- Schulleitung und Schulhundbetreuer informieren Schulaufsicht, geben Elternbrief heraus und erfragen Allergien.
- Elternabend(e): je nach Einsatz des Hundes in einer oder mehreren Klasse(n)
- oft hilfreich: Testphase verabreden und Evaluation
- Start der Testphase und Dokumentation
- hilfreich: Einladung an das Veterinäramt und die Landesunfallkasse, Rücksprache mit dem Gesundheitsamt
- kontinuierliche Anpassung des Konzepts, Dokumentation und Evaluation

- Etablierung Schulhundkonzept

Jedes pädagogische Konzept sollte von der Schulkonferenz abgestimmt sein, und so ist auch der Start eines Schulhundeinsatzes dort zu besprechen. Allerdings ist es oft so, dass eine Testphase nicht dort abgestimmt sein muss, jedoch die feste Etablierung des Konzepts.
Ich habe mich zusätzlich viele Pausen mit den Hunden auf den Hof gesetzt, um mit den Schülerinnen und Schülern über die Hunde ins Gespräch zu kommen, und habe in allen Kursen und Klassen, in denen der Hund eingesetzt wird, eine Umfrage vorher und nachher gemacht.

Elternbrief

Den Eltern habe ich folgenden Brief geschrieben:

24. August 2016

Betreff: Lehrerassistenten auf 4 Pfoten

Liebe Eltern unserer Heilwig-Schülerschaft,

willkommen im neuen Schuljahr! Ich möchte Sie über ein altes neues Projekt bei uns informieren. Vielleicht haben Ihre Kinder Ihnen bereits davon berichtet :-).
Wir haben zwei fellige Lehrerassistenten engagiert, die für Ihre Kinder da sind, sie trösten, unterhalten, motivieren, meinen und auch anderen (Vertretungs-)Unterricht begleiten, für eine konzentrierte, entspannte, ruhige Arbeitsatmosphäre im Klassenraum sorgen und nicht zuletzt den schulischen Spaßfaktor erhöhen.
Der Hintergrund: Vor sieben Jahren gab es in einer Klasse zwei schwierige Schüler/Schülerinnen und einen Streit in dieser sehr trubeligen Klasse, der mithilfe meiner Hündin Cleo erfolgreich geschlichtet werden konnte – der Anfang für das Projekt „Hunde als pädagogische Assistenten" war gemacht. Seitdem sind meine Hunde schon auf Klassenfahrten, Sportturniere und Zeltlager mitgekommen, haben Kindern/Jugendlichen mit Schulangst den Weg zurück in den Schulalltag gezeigt, traurige Schülerinnen/Schüler getröstet, ängstlichen die Angst genommen und alle von der entspannten ruhigen Lernatmosphäre mit einem Hund im Raum begeistert. Einige von Ihren Kindern haben die beiden schwarzen Fellnasen in der Zeit vor den Sommerferien nach meiner Rückkehr aus der Elternzeit schon im Unterricht, Vertretungsunterricht, in der Hundepause oder auf dem Schulgelände getroffen und sie gestreichelt.

Ich stelle Ihnen die beiden Lehrerassistenten auf vier Pfoten gerne vor:

Cleo hat schon viele Klassenfahrten, Unterrichtsstunden, Projekttage und einzelne Schülerinnen und Schüler in ihren Unterricht begleitet. Ich habe sie von klein auf und habe sie zum Begleithund ausgebildet. Sie ist 11 Jahre alt, ein Golden-Retriever-Labrador-Mischling und juchzt vor Freude, wenn wir das Schulgelände betreten, denn sie wird furchtbar gerne von Kindern gestreichelt und ausgeführt. Ihre Hobbys sind Schwimmen und Tennisballapportieren.

Louis ist 10 Jahre alt, ein Labrador-Jagdhund-Mix, und kommt aus einer Familie mit 9 Kindern, die ihn wegen der Krankheit der Mutter abgeben musste. Also kam er zu uns, ist sehr lieb, verspielt (verrückterweise spielt er gerne mit Steinen und fängt Wassertropfen), ist menschenbezogen und geht genauso gerne zur Schule wie Cleo. Er liegt am liebsten ruhig in der Mitte der Klasse oder neben dem Pult und schlummert zwischen all den Menschen.

Natürlich sind die beiden Tiere und der Umgang mit Ihnen muss respektvoll und vorsichtig geschehen. Dafür gibt es Regeln, die Ihrem Kind vor dem ersten Betreten des Klassenraumes vorgelesen werden und die in der Schule aushängen. Die Hunde werden meinen Unterricht und immer mal wieder auch den von Kolleginnen / Kollegen begleiten, ansonsten sind sie Tröster und Ruhepole in der Hundeinsel in meinem Büro gegenüber des Schulbüros, wohin Ihr Kind kommen und sich in die Sitzsäcke kuscheln kann, wenn es mal Bedarf hat.

Mit Hundeangst und Hundehaarallergie lässt sich sehr gut umgehen und beides widerspricht dem Einsatz eines Hundes im Klassenraum – gemäß der Forschungsliteratur und meinen Erfahrungen – nicht. Vorsicht, Sorgfalt, Kommunikation und Hilfe sind natürlich eine Selbstverständlichkeit! Falls Ihr Kind Angst vor Hunden hat, helfen wir drei und passen gut auf! Eine Schülerin, die ihre Hundeangst am Heilwig überwunden hat, kam auf eine hervorragende Idee: Sie hat eine Hunde-Angst-Truppe mit zwei Freundinnen gegründet und bietet ihre Hilfe an. Eine Hundehaarallergie – glücklicherweise reagieren nach Heyer und Kloke nur 2 % der Bevölkerung überhaupt allergisch auf Hunde – ist gemäß des Robert Koch-Instituts (2003) kein Hinderungsgrund für den pädagogischen Einsatz von Hunden, denn niemand reagiert auf alle Hunde allergisch. Zudem handelt es sich überwiegend um eine Kontaktallergie, d.h., wenn Ihr Kind die Hunde erst mal nicht anfasst, sind wir auf der sicheren Seite. Aber natürlich passen wir alle zusammen trotzdem gut auf. Nur bei allergischem Asthma ist unserem beratenden Kinderarzt zufolge Vorsicht geboten. Ihr Kind sollte in jedem Fall seine Medikamente dabeihaben. Bitte sprechen Sie mich an.

Die Forschung hat viele sehr gute Gründe für den pädagogischen Einsatz von Hunden in der Schule zusammengetragen, die ich gerne im Elternrat vorstelle. Ich würde mich unheimlich über Ihr Einverständnis freuen und die Erlaubnis für das Projekt. Wahnsinnig gerne hätte ich Ihr schriftliches Einverständnis und wichtige Informationen zu Ihrem Kind (s. Anhang). Schreiben Sie auch gerne Anregungen, Tipps, Hinweise, Fragen und Anmerkungen auf.

Ich bedanke mich für Ihre Zeit und Ihr Mitdenken.

Vielen Dank für Ihre Unterstützung.

Mit herzlichen Grüßen

Dr. Christine Wieckenberg
Abteilungsleitung Beobachtungsstufe

Einverständniserklärung der Eltern

Betreff: Lehrerassistenten auf 4 Pfoten
Einverständniserklärung der Eltern

☐ Ich/Wir ______________________________ bin/sind mit dem Projekt, Hunde als pädagogische Assistenten einzusetzen, einverstanden und erlaube/-n den pädagogischen Einsatz im Klassenraum meines/unseres Kindes.

☐ Ich/Wir ______________________________ lehne/-n den pädagogischen Einsatz von Hunden in der Schule ab und möchte/-n nicht, dass ein Hund im Klassenraum meines/unseres Kindes eingesetzt wird.

Mein/Unser Kind ______________________________ Klasse __________ hat

☐ Angst vor Hunden.
☐ eine Hundehaarallergie.
☐ allergisches Asthma basierend auf einer Hundehaarallergie.
☐ Sonstiges: ______________________________

☐ Ich/Wir erlaube/-n meinem/unserem Kind das Besuchen der Hunde-Insel im Büro von Frau Dr. Wieckenberg, wenn es Trost, etwas Ruhe oder eine Streicheleinheit braucht.

Bitte kreuzen Sie an:

☐ Ich/Wir habe/n noch nie von Hunden als felligen Pädagogen in der Schule gehört.
☐ Ich/Wir freue/-n mich/uns, dass Sie das anbieten.
☐ Ich/Wir habe/-n große Bedenken.
☐ Ich/Wir bin/sind gespannt, von den Erfahrungen zu hören.
☐ Ich/Wir finde/-n das Projekt sinnvoll.
☐ Mein/Unser Kind hat Angst/Respekt vor Hunden und darf gerne an dem Training der Schülerinnen auf dem Schulgelände teilnehmen.

Was ich/wir noch sagen möchte/-n als Tipp/Hinweis/Bitte/Anregung/Frage ...:
(benutzen Sie gerne auch die Rückseite)

____

____

____

______________________________ ______________________________
Ort, Datum Unterschrift/-en

Von über 800 Eltern hat nur ein Elternpaar Bedenken geäußert, was sicherlich auch daran lag, dass wir zuvor sehr ausführlich über das Projekt informiert haben und den Austausch mit den Eltern gesucht haben. Bedenken bestehen meistens bei denjenigen, die schlechte Erfahrungen mit – wie in diesem Fall – dem eigenen Hund gemacht haben. Diese Eltern sind also nicht grundsätzlich gegen die Idee oder denken, der Hund könnte im Unterricht stören oder ablenken. Sie fürchten sich tatsächlich vor dem Hund. Diese Furcht sollte man unbedingt ernst nehmen und ihr behutsam begegnen. Wir allen kennen diese Hundebesitzer, die sagen: „Keine Angst, der tut nichts, der ist ganz lieb." Dennoch kläfft oder bellt der Hund laut und reißt stürmisch an seiner Leine. Menschen mit Angst sehen darin nicht die Frohnatur und Spielfreude und Quirligkeit des Hundes, sondern ein wildes, unkontrollierbares Ungetüm, selbst wenn es ein klitzekleiner Chihuahua ist. Sprechen Sie daher mit den Betroffenen, hinterfragen Sie die Bedenken und Ängste. Eröffnen Sie andere Blickwinkel, bieten Sie an, dass Ihnen und dem Hund von einem sicheren Fleckchen aus zugeschaut werden kann. Sinnvoll ist es in jedem Fall anzumerken, dass es schade wäre, wenn hier eine Angst unbewusst übertragen würde, wenn es doch in einem sicheren und erfahrenen Umfeld die Möglichkeit für das Kind gäbe, die Skepsis zu überwinden.

Interessierte Kolleginnen und Kollegen baten mich um eine Zusammenfassung aller wichtigen und zu bedenkenden Dinge in Form eines Handouts. Vielleicht ist die Zusammenfassung auch für Sie hilfreich?

Diese Tipps und Hinweise helfen, Ihren Kolleginnen und Kollegen, den Eltern sowie den Kindern und Jugendlichen Ihre Arbeit zu erklären oder sich der Komplexität bewusst zu werden. Außerdem bietet es Kollegen/Kolleginnen eine Unterstützung, die Ihren Hund mit Ihnen im Raum in einer Hospitation haben oder Ihren Hund – falls Sie Ihren Hund für geeignet halten – in eine KUHR[1]-Stunde mitnehmen.

[1] KUHR = kollegiale Unterrichtshospitation

Basismaterialien

Handout: Lehrerhinweise zum Einsatz von Lehrerassistenten auf 4 Pfoten / tierischen Co-Pädagogen

Wichtig im Unterricht:

- Wassernapf
- Decke/n als Ruheplätze
- Hundegeschirre/Halstücher/Dienstlaibchen angeschnallt lassen
- von Klasse absolute Ruhe einfordern, sonst müssen die Hunde aus dem Unterrichtsraum und zu ihrem Ruheplatz gebracht werden
- Poster mit Regeln (s. vorne) an die Tafel hängen und besprechen, erklären, dass Hunde Lebewesen mit Bedürfnissen sind
- Rucksäcke und Taschen schließen, wenn jemand offene Schokolade, Kekse oder Pausenbrote dort aufbewahrt
- vorher klären, ob Angst- oder Allergiekinder anwesend sind

Positionierung des Hundes, Sitzarrangement und Bewegung im Raum:

- Hund(e) an der Leine halten, insbesondere zu Beginn des Konzepts Schulhund oder in neuen Klassen/Lerngruppen oder mit Angstkindern im Raum
- Streichelecke: Hund(e) an einem festen Ort platzieren, entweder in Begleitung einzelner Schüler und Schülerinnen oder wechselnde Leinenhalter/Streichler bestimmen
  Bitte achten Sie auf die Gruppengröße. Ich habe immer gesagt, nie mehr als zwei (oder drei) Kinder/Jugendliche zugleich am Hund.
- Hunde können gut frei im Raum herumwandern (Achtung: Die Schüler und Schülerinnen dürfen nicht rufen oder locken! Das macht Zwei- und Vierbeiner wahnsinnig.), brauchen aber feste Ruheplätze.
- Leine einzelnen Kindern/Jugendlichen im Raum übergeben
- Klassen fordern als Sitzordnung oft einen Stuhlkreis, weil sie dann alle die Hunde sehen können. Dann die Lernenden nie gleichzeitig aufstehen lassen und keine freie Stillarbeit mit Platzwechseln erlauben, so lange der Hund in der Mitte liegt. Das könnte ungeübt zu unruhig werden und es könnte jemand über den Hund fallen.
- Ich erlaube den Schülerinnen und Schülern auch, auf dem Boden zu sitzen, um zu streicheln. Diese sollen sich ihre Arbeitsmaterialien mit auf den Boden nehmen und auf Tauschpartner reagieren, aber nie mehr als zwei an einem Hund.

Umgang mit Allergiekindern:

- Der betreffenden Person ist zu erklären, dass eine Hundehaarallergie fast immer eine Kontaktallergie ist (Empfehlung des Robert Koch-Instituts 2003). Daher sollte sie den Hund zunächst nicht anfassen oder seine Spielsachen berühren. Außerdem sollten sie anmerken, dass niemand auf ALLE Hunde allergisch reagiert.
- Fenster und Tür vorsichtshalber aufmachen, d.h. möglicherweise das Tragen von Jacken erlauben
- Allergiker für frische Luft an Fenster oder Tür setzen
- Hund(e) nicht frei herumlaufen lassen, damit der Kontakt des Hundes mit dem Allergiker kontrollierbar ist

- Ausprobieren, ABER in Absprache mit dem Kind/Jugendlichen und den Eltern sowie in dem Wissen, was im Notfall zu tun wäre. Der Gesundheitszustand des Allergikers muss dabei dauerhaft im Blick behalten werden und im Gespräch sein. Dazu kann ein Freund / eine Freundin als Wächter benannt oder dem Allergiker ein Notfallschild in die Hand gegeben werden, das er hochhalten kann, oder ein Glöckchen zum Klingeln, sobald er eine Reaktion merkt.
- Achtung ist unbedingt und dringlich geboten bei allergischem Asthma ausgelöst durch Hundehaarkontakt. Es ist vollkommen in Ordnung und nachvollziehbar, die Verantwortung grundsätzlich abzulehnen. Eine Möglichkeit, das Projekt dennoch umzusetzen, wäre z. B., den Eltern des Allergikers eine gut verschlossen Fellprobe des Hundes zur Verfügung zu stellen, um die Reaktion beim Arzt testen zu lassen.
- Handy mit Notfallnummern sollten Sie bereithalten, um im Notfall Eltern, Schulbüro, Arzt etc. schnell erreichen zu können.

→ Das Thema Hundehaarallergie muss ernst genommen werden. Es muss allerdings nicht bedeuten, dass der Einsatz eines Schulhundes in einer Klasse unmöglich ist.

Umgang mit Angstkindern:

- grundsätzlich der Angst mit Respekt und Verständnis begegnen und dies auch von dem Rest der Klasse unbedingt verlangen
- Projekt als Chance vorstellen, der Angst in einem geschützten Rahmen zu begegnen und sie eventuell sogar zu überwinden
- andere Klassenmitglieder als Unterstützer benennen oder von dem Angstkind auswählen lassen, die sich neben und/oder vor das Angstkind setzen.
- Angstkind an den Rand setzen und mit einem „Schutzwall“ aus Mitschülern und Tischen umgeben, so fühlt es sich sicherer. Ich stelle mindestens einen Tisch vor das Kind und jeweils einen links und rechts davon. Sollte sich das Kind weiterhin unwohl fühlen, gerne die Reihe verdoppeln. Das bedeutet auch, dass andere Kinder ihren Platz aufgeben müssen, was die Klassengemeinschaft und das Verständnis für die Bedürfnisse anderer fördert – ein guter Nebeneffekt –, und es bedeutet, flexibel zu sein, z. B. Unterricht auf einem Sitzkissen mitzumachen oder auf dem Tisch sitzend oder ohne Tisch.
- Gut ist, wenn die Angstkinder höher sitzen, z. B. auf der Fensterbank, auf dem Tisch oder notfalls – wenn es nicht zu wackelig wird – auf einem Stuhl auf einem Tisch. So ändern sie die Perspektive, blicken von oben auf das Geschehen und fühlen sich dem Hund nicht zu nah.
- Hunde unbedingt angeleint auf der anderen Seite des Raumes lassen
- unbedingt feste Plätze im Raum einhalten, damit für das Angstkind Verlässlichkeit herrscht
- Das Angstkind bekommt zwei Schilder in die Hand, ein grünes und ein rotes:
  - Grün bedeutet: Alles gut, ich schaff das prima.
  - Rot bedeutet: Bitte bringt den Hund raus.

  So hat das Kind die Lage selbst unter Kontrolle.
- Alternative: Wenn Sie den/die Hund(e) angeleint und mit Schülern an der offenen Klassenraumtür sitzen lassen, dann fühlt sich das Kind nicht eingeengt.

→ Das Ziel der Maßnahmen ist, einem Angstkind zu zeigen, dass man die Angst ernst nimmt und dass es gesehen wird. In diesem vollen Verständnis für die Situation führt man es in seinem Tempo an den Hund heran, wobei es sich an den anderen Kindern orientieren kann und sieht, wie die mit dem Hund umgehen.

Bitte beachten:
- Hund jault = muss raus (Ruhe, Klo), Schmerzen
- Wenn jemand laut klopft, könnte ein Hund bellen.
- Cleo hat jaulend Streicheleinheiten eingefordert, wenn ein Schüler / eine Schülerin aufgehört hat, sie zu kraulen. Klasse darauf vorbereiten.

Wenn Sie dauerhaft selbst einen Hund als Schulhund führen möchten, ist die nachfolgende Liste sicherlich hilfreich für Sie:

Kurze Checkliste, was Sie für den Hundeeinsatz in der Schule brauchen

Sie brauchen neben einem geeigneten Hund und genug Kennenlernzeit von Ihnen als Team und der Lust auf die Doppelbelastung als Lehrer/Lehrerin und Hundeführer und der Zustimmung der Beteiligten:

- ☐ Haftpflichtversicherung (als Kopie)
- ☐ Impfausweis (als Kopie) mit Nachweis über die alljährliche Gesundheitskontrolle beim Tierarzt
- ☐ Nachweis über Zecken-, Floh- und Wurmprophylaxe
- ☐ Kennzeichnung für den Hund im Dienst (Weste, Geschirr, Halstuch, Loop ...)
- ☐ waschbare Decken (am besten bis 60 Grad)
- ☐ Gummimatte o. Ä., die sich leicht reinigen lässt und unter der Hundedecke liegen kann
- ☐ Feuchttücher und Händedesinfektionsmittel in der Tasche
- ☐ Glöckchen oder grüne/rote Karte für Schülerinnen und Schüler mit Angst oder Allergie
- ☐ transportable Näpfe
- ☐ am besten ein Zertifikat als Ausbildungsnachweis
- ☐ Hilfreich ist eine Hundebox als Ruhepol an einem festen Ort im Gebäude.
- ☐ waschbare oder abwischbare Leinen
- ☐ ____________________
- ☐ Hygieneplan

Eine Hygieneplan hört sich erst einmal komplex und nach viel Arbeit an. Durch unsere Pandemieerfahrung 2020 sind wir in dieser Hinsicht besonders sensibilisiert worden. Als Beispiel finden Sie im Folgenden den Hygieneplan meiner Schule, den ich durch Veterinär- und Gesundheitsamt habe prüfen lassen. Da jeder Bezirk und jedes Land unterschiedliche Bestimmungen propagieren und die Hygienevorschriften auch individuell angepasst werden sollten, gewähre ich keine Garantie auf Vollständigkeit.

Hygieneplan von Frau Dr. Christine Wieckenberg für die hundegestützte Pädagogik und Intervention[2]

a) Einleitung

Die beiden Coaching- und Schulhunde werden zur hundegestützten Intervention und Pädagogik von Frau Dr. Christine Wieckenberg eingesetzt. Die Halterin besitzt das Zertifikat „Fachkraft zur hundegestützten Intervention" des DCI Berlin und ist befugt, Hunde im sozialen Kontext einzusetzen.
Der Hygieneplan hat das Ziel, eine mögliche Infektionsübertragung vom Hund auf den Menschen und umgekehrt zu minimieren.

b) Rechtsgrundlagen für die hundegestützte Intervention (Quelle Dog Coach Institut Berlin, Ausbildung Fachkraft September 2019, Tag 4)

- Infektionsschutzgesetz § 6, 7, 36
- Biostoffverordnung
- Tierschutzgesetz §11
- Tiergesundheitsgesetz
- Infektionsschutzgesetz § 42/3
- Empfehlungen für die Länder (z. B. Mecklenburg-Vorpommern Landesamt für Gesundheit und Soziales)

c) Dokumentation zum Tier

Beide Schulhunde sind entspannt, mögen Menschen, sind vom Wesen her einsatztauglich, sind mit Kindern aufgewachsen und leben in der Familie. Beide trainieren für den Hamburger Hundeführerschein als Nachweis des Grundgehorsams. Weitere Prüfungen sind angedacht.
Alle Schülerinnen und Schüler sowie Coachees werden immer wieder zum adäquaten Umgang mit den Hunden angehalten, sie sind mit den Regeln zum artgerechten Umgang mit den Hunden vertraut (z. B. durch ein Handout oder Poster zu den Regeln im Umgang mit dem Schulhund). Sie lernen, die Körpersprache des Hundes richtig zu deuten.
Neben der notwendigen Gesundheitsvorsorge (Wurmkur, Impfungen) werden die Hunde regelmäßig mit einer Ektoparasitenprophylaxe gegen Zecken, Flöhe und Haarlinge behandelt und einmal jährlich zum Gesundheitscheck beim Tierarzt vorgestellt, was im Impfausweis vermerkt wird. Die Hunde werden gemäß der Hygieneempfehlungen zur tiergestützten Intervention des DCI nicht mit Rohfleisch gefüttert, sprich, wir barfen nicht.

Für die Hunde wurde eine Tierhaftpflichtversicherung abgeschlossen.

Folgende Unterlagen der Schulhunde sind auf Wunsch einzusehen:
- tierärztliches Gesundheitsattest
- Impfausweis
- Zertifikat Dr. Christine Wieckenberg als Fachkraft für hundegestützte Intervention
- Versicherungsnachweis der Haftpflichtversicherung
- Hundeführerschein

[2] Einzelne Aspekte bezüglich Formulierungen und Struktur sowie die Übersichtstabelle sind angelehnt an den Hygieneplan der Schulhunde an der Robinsonschule in Hattersheim.

d) Lebensmittelkontakt

Die Hunde erhalten keinen Zugang zur Schulküche und nur im Ausnahmefall zur Mensa. Alle Schülerinnen und Schüler sowie Coachees werden darauf hingewiesen, dass die Hände vor der Nahrungsaufnahme gründlich mit Reinigungsmitteln gesäubert werden müssen. Auf Wunsch reicht die Halterin auch Feuchttücher und/oder Händedesinfektion. Waschbecken befinden sich in den Schülertoiletten, in der Praxis gegenüber des Coaching-Wagens und im Badezimmer.

e) Anforderungen an die Tierpflege

Die Hunde leben im Haushalt von Frau Dr. Wieckenberg als Halterin. Sie leben dort mit Erwachsenen und Kindern im Haus, werden artgerecht versorgt und gepflegt.
Die Ausbildung der Hunde basiert ausschließlich auf Motivation und positiver Verstärkung. Auf das physische und psychische Wohl wird stets geachtet.

f) Reinigung und Desinfektion

Die Anwesenheit der Hunde führt zu keiner Änderung des üblichen Reinigungs- und Desinfektionszyklus der Schule insgesamt. Allerdings wird die Lerngruppe, in der der Hund zum Einsatz kommt, und der Halter / die Halterin in die täglichen Reinigungsarbeiten eingebunden (s. folgende Übersicht).

g) Kennzeichnung des Hundes am Einsatzort

Die Hunde sind durch Geschirre, Westen, Loops oder Halstücher am Einsatzort Schule gekennzeichnet, in der Praxis – aufgrund der überschaubaren Kontaktpersonen – nur z.T. mit Halstuch/Loop.

h) Kriterien für besondere Vorsicht und Beobachtung

Der Kontakt zu Schülerinnen und Schülern sowie Coachees mit bekannter Hundehaarallergie oder Angst vor Hunden geschieht mit Bedacht. Bekanntes allergisches Asthma, über das die Hundehalterin informiert wurde, kann ein Ausschlusskriterium für die hundegestützte Intervention sein.

Tabelle – **Übersicht über die Hygienemaßnahmen**

Hygieneziel	Art der Hygienemaßnahme	Häufigkeit
Klassenraum Schule • Fußboden • Tische	 • kehren (Schülerinnen und Schüler) • feucht wischen (Reinigungspersonal) • feucht wischen (Reinigungspersonal)	 täglich 2-mal pro Woche wöchentlich
Praxis/Büro • Fußboden • Tische • Polster	 • fegen • saugen • wischen • abwischen • kontrollieren, Maschinenwäsche	 täglich nach Bedarf
Hundedecke	• waschen in der Maschine (Halterin)	mind. alle 2 Monate
Wassernapf	• mit Wasser säubern • ggf. Napf auswaschen oder erneuern	täglich nach Bedarf
Spielzeug/Utensilien	• säubern mit Wasser/Bürste, ggf. waschen in der Maschine oder erneuern	Check regelmäßig nach Bedarf
Hundefutter/Leckerchen	• Aufbewahrung in verschlossenen Behältern, auf Haltbarkeit achten	täglich
Händehygiene für Klasse und Lehrkraft	• Hände waschen • auf Wunsch: Feuchttuch und/oder Händedesinfektionsmittel	nach Bedarf, in jedem Fall vor dem Essen
Hund & Lebensmittel Kontaktvermeidung	• Hinweis auf Händewaschen • Verbleib auf Hundedecke während Klassenfrühstück/Geburtstag • kein Zugang zur Schulküche	bei Geburtstags-feiern/Projekttagen etc.
Pflege Hund • Fell • Entwurmung • Floh- und Zecken-prophylaxe • Impfung (Tollwut, Staupe) • Gesundheitsprüfung	 • bürsten • schneiden • Tablettengabe • Tabletten (z. B. Bravecto) / Lösung zum Träufeln auf die Haut (bitte genaue Medikamente für das Gesundheitsamt angeben) • Spritze durch Tierarzt • Tierarzt	 regelmäßig Behandlungsschema gemäß Produkt: jeweils nach 12 Wochen jährlich/abhängig vom Medikament jährlich

Konzepterweiterungen und -anpassungen

Meine beiden Hunde waren lange die einzigen Hunde, erst später kam noch eine Labradorhündin dazu und weitere Kolleginnen und Kollegen wollten gerne in die Ausbildung gehen oder sich selbst Hunde anschaffen.
An manchen Schulen sind es auf einmal zehn Hunde, sie liegen überall herum, in Konferenzen und auf Elternabenden und brauchen bei Raumknappheit auch noch Ruheplätze. Und dann ist es eine wunderbare Idee, darüber mit allen zu sprechen und gemeinsame Absprachen zu finden, denn nicht jeder Kollege / jede Kollegin ist gleichermaßen begeistert.
Denn klar ist, dass andere Lehrerinnen und Lehrer oder Erzieherinnen und Erzieher auch ihren Hund mitbringen wollen, sobald eine Fellnase anwesend ist und den Klassen die Hundepräsenz guttut.
Das bedeutet, wenn mehrere Hunde mitkommen, braucht Ihre Schule ein erweitertes Konzept. Das heißt für die Schulleitungen einen neuen Elternbrief schreiben, die Kollegen informieren, im Elternrat und in der Lehrerkonferenz darüber sprechen, einen Fragebogen an alle ausgeben oder eine Stellwand aufstellen, um Sorgen, Nöte, Ängste herauszufinden und ins Gespräch gehen zu können und Grundsätze des Projektes zu benennen:

- Wo sind hundefreie Zonen?
- Wo stehen die Ruheplätze/Boxen?
- Welche Kolleginnen und Kollegen haben welche Bedürfnisse?
- Dürfen Hunde auf Lehrerkonferenzen anwesend sein?

Und insbesondere, wenn mehrere Hunde im Dienst sind:

- Wo dürfen die Hunde Pipi machen?
- Wo werden Kotbeutel entsorgt?

...

Problem- und Konfliktmanagement

Ein wichtiger Punkt für die Arbeit ist auch das Problem- und Konfliktmanagement, denn ein Schulhund heißt Übernahme von Verantwortung. Dabei stellt sich auch die Frage: „Und wenn was passiert?“
Manche Kinder sind ungestüm, lernen noch, ihre Kraft einzuschätzen und sich und anderen nicht wehzutun. Ein Hund verzeiht das manchmal anders als ein Klassenkamerad oder eine Mitschülerin. So passierte es auch mir. Einmal hat sich ein kräftiger, ganz lieber Junge namens Nicolas in der 7. Klasse im Unterricht von hinten auf den schlafenden Louis gelegt. Nicolas hatte kurz die Regeln vergessen – nicht von hinten kommen und den Hund nicht beim Schlafen stören –, weil er unbedingt mit Louis kuscheln wollte. Wie wir selbst reagierte auch Louis. Er erschreckte sich. Und was macht ein Hund mitunter, der sich im Tiefschlaf erschreckt? Richtig, er öffnet das Maul. Und als es wieder zuklappte, ratschte der eine Zahn an Nicolas Gesicht entlang. Das Gesicht blutete zuerst stark. Die Schülerinnen und Schüler, der Hund und vor allem ich haben uns natürlich fürchterlich erschrocken. Erstaunlich entspannt blieb hingegen Nicolas. Er sagte sofort: „Der Hund hat keine Schuld.“
Nach dem ersten Schreck und einer schnellen Versorgung – für solche und andere Fälle sollte also auch immer entsprechendes Equipment im Klassenraum oder der Ort allen bekannt sein (Erste-Hilfe-Kasten, Desinfektionsspray, Coolpack etc.) – bat ich die Klasse wieder auf ihre Plätze im Sitzkreis. Ich sprach mit den Siebtklässlern sehr lange, bis alle Fragen und Dinge besprochen

waren, während Louis neben mir saß und den Schwanz hängen ließ. Er hatte die andere Stimmung im Raum wahrgenommen und spiegelte die Emotionen. Manche Schülerinnen und Schüler hatten in der Zwischenzeit zu Hause angerufen und ihre Eltern informiert, dass sie sich ein bisschen verspäten würden.
Ich hatte zum Glück einen Freund und Kollegen in der Stunde als Tandempartner dabei und konnte so mit den Eltern von Nicolas telefonieren, die wie er selbst sehr entspannt waren und sagten: „Da hätte Nicolas besser aufpassen müssen. Müssen wir zum Arzt?" „Ja", lautete meine Antwort. „Tetanus überprüfen und vielleicht anschauen lassen. Wenn Sie Ihr Einverständnis geben, fahre ich Nicolas zu Ihnen nach Hause." Dieses Angebot war meine freiwillige Übernahme einer Haftungssondersituation und ich würde Ihnen dies auf keinen Fall uneingeschränkt empfehlen und nicht ohne schriftliche Erlaubnis der Eltern tun.
Cleo, Louis und ich sind anschließend nach Hause gefahren, haben die Klassenlehrer, die Schulleiterin und die Schulaufsicht in der Schulbehörde informiert und besprochen, wie es weitergeht, ob es Konsequenzen gibt. Rein rechtlich ist es so, dass sich auch ein Hund nicht alles gefallen lassen muss. Aber dennoch ist es für uns als Halter und Hundeführer eine Erfahrung, die zur Vorsicht mahnt. Wir sollten auch für solche Fälle einen Plan parat haben: Wer wird informiert? Werden alle Eltern über den Vorfall unterrichtet? Was kann das zur Folge habe? Wie gehe ich damit um, wenn Eltern und Kind nicht so entspannt und verständnisvoll wie Nicolas und seine Eltern reagieren?

Mir war es nach dem ganzen Trubel ein Bedürfnis, noch einen persönlichen Brief an Nicolas zu schreiben. Hintergrund war dabei auch, dass mir als Erwachsene selbstverständlich klar ist, dass nach dem ersten Schreck und der Entspannung auch noch einmal etwas hochkommen kann, das vielleicht Angst macht. Meine Idee war daher eine außerschulische Verabredung von Louis und Nicolas (natürlich mit dem Einverständnis der Eltern), um noch einmal in Ruhe zu reden und zu schauen, wie Nicolas auf Louis reagiert.

Lieber Nicolas,

ich bin untröstlich. Du bist so ein lieber Freund und hast dich immer so liebevoll um mich gekümmert, und nun hast du wegen mir Schmerzen.
Das sollte unter Freunden nicht passieren. Ich habe mich gestern auf meiner Decke bei euch im Klassenraum so erschrocken und war unvorsichtig wie du. Ich möchte dich tierisch doll um Verzeihung bitten! Das Letzte, was ich will, ist dir wehzutun! Ich hoffe, du kannst mir verzeihen und ich darf wieder mit dir spazieren gehen und von dir so schön gekrault werden.
Bitte sei mir nicht böse, ich möchte so gerne weiter dein Freund sein dürfen. Von meinem Hundetaschengeld möchte ich dir ein Eis zum Kühlen des Kratzers ausgeben. Würdest du meine fellige Entschuldigung und das Eis akzeptieren?

Dein Louis

Nicolas hat die Einladung angenommen und die Entschuldigung akzeptiert. So ein Eis bewirkt einfach Wunder. Ich habe aber auch gleich bemerkt, dass Nicolas bis auf den noch gruselig aussehenden Kratzer keinerlei anderen Schaden genommen hatte. Ich sprach offen mit ihm darüber, ob der Vorfall etwas geändert hat für ihn, aber das war nicht der Fall. Wir alle haben also Glück gehabt. Zum Glück mussten meine Hunde und ich nur ein einziges Mal einen solchen Brief schreiben. Aber ich muss ehrlich zugeben, dass solch ein Zwischenfall ganz schön nervenaufreibend ist. Daher meine klare Empfehlung an Sie: Machen Sie sich über eine solche Situation und Ihre Reaktion dabei vorher Gedanken. Und achten Sie unbedingt darauf, den Austausch zu suchen sowie das betroffene Kind wie auch die Gruppe im Blick zu behalten, damit möglichen nachfolgenden „Ängsten" rechtzeitig begegnet werden kann. In diesem Zusammenhang empfehle ich Ihnen auch, regelmäßig eine Feedbackrunde abzuhalten. Das kann persönlich in der Klasse, beim Elternabend oder auf einer Lehrer- oder auch Schulkonferenz geschehen oder mittels eines (anonymen) Umfragebogens bzw. einfach einem Blatt Papier, auf dem die Frage steht „Was haltet/halten ihr/Sie von dem Projekt?" oder „Worauf kann ich noch besser achten?". So können Sie sich und Ihre Aufgabe stets reflektieren und aufkeimenden Bedenken, Sorgen etc. begegnen.

Kommunikation

Ein weiterer Tipp meinerseits sind Aushänge, die auf die Präsenz und den Einsatz von Schulhunden hinweisen. So können sich neben anderen Klassen auch Schulbesucher und -besucherinnen darauf einstellen, einem oder mehreren angeleinten Hund(en) im Gang oder auf dem Hof zu begegnen, und sich informieren über die Präsenz, die Arbeit oder die Hunde.

Aushang 1 – Zum Hinweis auf den Einsatz von Schulhunden am Eingang

Frau Dr. Wieckenberg &
die pädagogischen Assistenten
auf 4 Pfoten (Cleo und Louis)
heißen dich und Sie
herzlich willkommen
in der Beobachtungsstufe
des Heilwig Gymnasiums!

Außerdem haben ich an meiner Bürotür einen Präsenzzettel angebracht, um zu informieren, ob der Hund im Haus ist und ob er z. B. eine Pause braucht. Andere Schulhunde bekommen dann die Dienstweste abgenommen oder haben ein „Pausentuch" um, sodass jeder weiß: Bitte nicht ansprechen oder streicheln. Für mich war die Wäscheklammer-Methode die leichteste Variante, aber das ist Geschmackssache und bleibt Ihnen überlassen. Hauptsache, der Weg ist kommuniziert.

Aushang 2 – Zur Präsenz an der Bürotür

Lehrkraft	Cleo	Louis
ist für dich und Sie da.		
ist im Unterricht (s. Plan).		
möchte in Ruhe arbeiten.		
ist im Gespräch.		
braucht eine Pause.		
ist auf dem Schulgelände.		
ist auswärts bei Fobi / Dienstermin.		
ist leider krank.		
kümmert sich um einen Streichelnotfall.		

CLEO

LEHRKRAFT

LOUIS

Aushang 3 – Steckbrief Schulhund: Schuleingang / Bürotür / Klassenraum

Die Schulhunde stellen sich vor

Steckbrief Cleo
Rasse: Labrador-Golden-Retriever-Mischling
Alter: 11
Fell: schwarz und lockig
Ausbildung: Begleithundeprüfung
Hobbys: Schwimmen, Tennisbälle, Apportieren, an der Skipiste mitlaufen

Steckbrief Louis
Rasse: Labrador-Jagdhund-Mischling
Alter: 10
Fell: schwarz und glatt
Ausbildung: Aufwachsen in einer Familie mit 9 Kindern
Hobbys: Rennen, mit Steinen spielen, Essbares auf Tischen suchen

Aushang 4 – Zur Erklärung des Einsatzes von Schulhunden[3]

2 Pädagogen auf 4 Pfoten am Heilwig

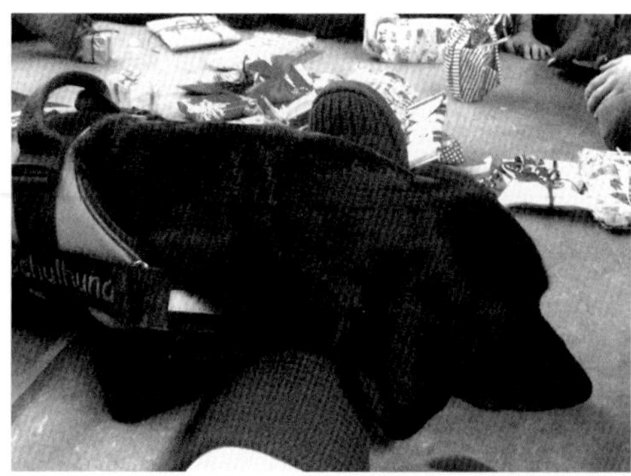

Am Heilwig Gymnasium besuchen auch zwei schwarze Retriever den Unterricht. Sie gehören mir, der Abteilungsleiterin Beobachtungsstufe. Ich heiße Dr. Christine Wieckenberg, und die beiden heißen Cleo und Louis. Sie sind Seelentröster, Muntermacher, kuschelige Freunde, niemals streitende Kumpel und Schulmotivationscoaches in der Hundeinsel oder bereichern durch ihre Anwesenheit den Unterricht und fördern Ruhe, Konzentration und die Lust am Lernen.
Die Hundeinsel ist ein Ort der Ruhe und Gemeinsamkeit und Entspannung in meinem Büro, nur drei Kinder dürfen es sich gemeinsam in den Sitzsäcken mit den Hunden gemütlich machen und lernen gleichzeitig Respekt und Empathie, wenn sich die

[3] Dieses Poster unterstützen viele Fotos aus dem Schulalltag, die hier aus Datenschutzgründen nicht abgebildet werden können.

Hunde in ihre Box zur eigenen Ruhefindung zurückziehen wollen. Aufgrund der Beliebtheit des Hundeinselbesuchs werden die Mittagspausen in drei Zeitschienen aufgeteilt, sodass mehrere Kinder jeden Tag die Chance haben, den Schulalltag einen Moment zu vergessen.

Die Forschungslage zum Einsatz von Hunden im Unterricht ist eindeutig: Hunde helfen beim Lernen, durch ihre bloße Anwesenheit verändert sich die Atmosphäre im Raum, der Umgang miteinander wird freundlicher, Kinder haben immer einen felligen Grund, miteinander zu sprechen, Empathie und Respekt vor einem Lebewesen werden trainiert und vor allem, die Leistungen und die Lernmotivation werden gesteigert, egal in welcher Altersgruppe.
Es gibt dazu viele kleine Alltagsbeispiele, in denen die Hunde geholfen haben und helfen: Kinder mit Schulangst wurden durch die Hunde wieder in den Unterricht zurückbegleitet und die Fellnasen waren die mentale Stütze, um diesen Weg zu gehen. Schülergruppen, die altersbedingt nicht mehr gut zugehört haben, haben mithilfe des Hundes wieder das Einfühlungsvermögen für Kommunikation zurückerobert. Frisch getrennte Eltern haben in einem Konfliktgespräch in der Schule abwechselnd den Hund gestreichelt, sodass ein gutes Gespräch möglich war. Schülerinnen und Schüler mit einem Trauerfall in der Familie konnten sich mit dem Hund zurückziehen und haben über die Wärme und Weichheit des Felles einen Trost gefunden, den Worte in dem Moment nicht hätten liefern können.

Interessanterweise werden als Gegenargumente oft Hundeangst oder Hundehaarallergie angeführt. In all den Jahren meiner Erfahrung mit Pädagogen auf 4 Pfoten sind diese Sorgen unbegründet gewesen. Auch Kinder mit getesteter Hundehaarallergie haben nicht reagiert, was wir zu Beginn der Zusammenarbeit vorsichtig geprüft haben. Selbst Kinder mit allergischem Asthma haben nicht reagiert, was sich mit den Studien des Max-Planck-Institutes deckt. Denn niemand reagiert auf alle Hunde allergisch! Und Angst vor Hunden haben meine felligen Lehrerassistenten schon sehr oft kuriert. Ich gehe sehr behutsam mit diesen Kindern um, wir sprechen ausführlich und sie haben jede Situation zuerst unter Kontrolle. Nach einem bewährten Verfahren führe ich sie an die Anwesenheit eines Hundes im Klassenraum heran und bekomme als Dank lächelnde Kinder und begeisterte Elternmails. Ich glaube, auch die Hunde lächeln und freuen sich mit. Und wer in den Pausen noch üben möchte und den Umgang mit einem Hund trainieren mag, der kann die Hundeangst-Truppe aus Jahrgang 9 buchen.

Ein Hund in der Schule klingt für viele Ohren erst einmal neu und ungewohnt. Das wissen wir, aber es lohnt sich sehr, sich darauf einzulassen.

Dr. Christine Wieckenberg

Aushang 5 – Hundeangsttruppe

Drei Schülerinnen haben zwei Jahre lang als jahrgangsübergreifendes *Peerteaching-Projekt* in Pausen oder „buchbar“ in Stunden oder Mittagspausen anderen mit Angst vor Hunden geholfen – nach einem Coaching mit mir.

Zusammenfassung der Regularien

In jeden Fall sollte eine Konzeptentwicklung am Anfang des Schulhundeinsatzes stehen. Bei mir reichten „damals“ die oben aufgeführten „Handouts als Lehrerhinweise“ aus, die ich Schulleitung und Schulaufsicht einreichte. Doch schadet es nicht, eine umfangreichere Konzeptausarbeitung vorzubereiten, in der Sie sich, Ihren Hund und die Gegebenheiten vor Ort sowie die konkrete Umsetzung darlegen.

Hierfür empfehle ich Ihnen zum einen die Selbstverpflichtung unter schulhundweb.de. Dieser Erklärung liegt eine 60-stündige Weiterbildung zugrunde. Sie führt die wichtigsten Aussagen zur Ausbildung des Hund-Mensch-Teams (Hundeführerschein und weitere Aus- und Fortbildungen), über Hygienebestimmungen, den Einsatz und weitere Fortbildungen auf, die im Anschluss unterzeichnet werden. Die Selbsterklärung finde ich sehr hilfreich, da es – wie schon erwähnt – in Deutschland keine Prüfung gibt, die verbindlich abgeleistet werden muss, Sie aber so die Möglichkeit haben, Ihre „Fachkunde“ nachzuweisen und zu belegen. Sie finden die Selbstverpflichtung unter: *https://schulhundweb.de/images/8/82/Team_SV_2018_neu_Formular.pdf*

Zum anderen sollten Sie unbedingt in die 2019 von der Kultusministerkonferenz (KMK) veröffentlichte Richtlinie zur Sicherheit im Unterricht reinschauen: *https://www.kmk.org/fileadmin/Dateien/veroeffentlichungen_beschluesse/1994/1994_09_09-Sicherheit-im-Unterricht.pdf.* Ab Seite 90 finden Sie einen Abschnitt zu Schulhunden, der sich zwar ausschließlich auf die Sicherheitsaspekte des Einsatzes bezieht, Ihnen so aber sehr viel Informationen zu diesem Teil Ihrer Konzeptarbeit liefert.

Diese beiden Quellen würde ich derzeit als Grundlage für die Arbeit mit Hunden an Schulen bezeichnen. Darüber hinaus sehr interessant sind die im September 2015 herausgebrachten Hinweise des Schulministeriums in Nordrhein-Westfalen. Darin werden vor allem Rechtsfragen zum Schulhundeinsatz aufgegriffen und beleuchtet: *https://www.schulministerium.nrw.de/sites/default/files/documents/Allgemeine-Hinweise-Schulhund.pdf*

Eine besondere Erfolgsstory zum Schluss

Oft geht es in unserem (Schul-)Alltag – insbesondere auch zu Beginn des Schulhundeinsatzes – drunter und drüber. Für alle ist der Schulhund eine neue Erfahrung und Situation und man trifft nicht immer nur auf Fans, sondern auch auf Skeptiker. Diese gilt es mitzunehmen und gerade auch sie in den Austausch und das Projekt einzubinden, sofern diese sich darauf einlassen. Es ist auch vollkommen in Ordnung, wenn manche Kolleginnen und Kollegen, manche Eltern und Kinder/Jugendliche das Projekt einfach nur hinnehmen und akzeptieren, sich damit aber nicht weiter beschäftigen. Auch das darf respektiert werden! Denn wenn wir ehrlich sind, ist unser normaler Alltag schon sehr trubelig und mitunter kommt noch mehr dazu, z.B. wenn Kinder/Jugendliche Sorgen haben. So war es im folgenden Fall und ich war sehr dankbar für meine liebe Cleo.

Liebe Kolleginnen und Kollegen,

falls ihr euch gewundert habt, Cleo (der schwarze Hund) läuft nicht ohne Grund mit einem Ankerhalstuch, angeleint durch unsere Schule.
F., das Geschwisterkind unseres verstorbenen Schülers A., wollte seit einem halben Jahr nicht mehr zur Schule gehen. Die Klassenlehrerin KM hat mit der Haus- und Krankenhaus-Lehrerin Frau S., die den Jungen seitdem zu Hause unterrichtet hat, am vergangenen Donnerstag verabredet, dass er zu den Kernfächern Mathe, Deutsch, Englisch kommt und Frau S. ihn zur Schule begleitet und teilweise hospitiert.

Weil ich wusste, dass der Vater der Kinder Pferde hat und unser Schüler damals in dem Aufnahmegespräch von Hunden gesprochen hatte, hatte ich am Freitag eine Idee und habe mit dem Klassenlehrerteam und der Schulleiterin gesprochen und im Anschluss F. und die Mutter angerufen. Ich habe sie gefragt, ob es eine Idee wäre, dass Cleo ihn in den Unterricht begleitet, und falls er mal den Klassenraum verlassen möchte, einfach sagen kann: Der Hund muss mal raus .... Er hat zur Begeisterung der Mutter versprochen, das Angebot gerne anzunehmen und am Montag zur Schule zu kommen.

Er hat gestern Cleo kennengelernt, war sehr angetan, wir waren spazieren und er hat sogar etwas mit mir über seine Tierliebe geplaudert. Die Eintrittskarte ist also gezückt. 😄

Heute Morgen haben der Mathelehrer und ich mit der Klasse gesprochen, Cleo vorgestellt und geklärt, dass keine Hundeangst, Allergien etc. dem Projekt im Wege stehen. Die Klasse hat sehr positiv reagiert und einstimmig dafür gestimmt, mit Cleo zusammen F. zu helfen.
Und so war heute F. erstmalig in der zweiten Stunde mit Cleo in Mathe und hat sich sogar am Klassenunterricht beteiligt und sich gemeldet.
Ein noch zartes Pflänzchen darf hoffentlich wachsen ....

Im Namen der engagierten Klassenlehrer, Frau S. und der Mutter möchte ich euch herzlich danken, wenn ihr diese vierbeinige, haarige Schulbegleitung zum Wohle eines Schülers für eine Übergangszeit mittragen könntet – zunächst sollen die Kernfächer im Fokus stehen und dann F.s Teilnahme an weiteren Fächern ausgebaut werden.

Selbstverständlich ist niemand dazu verpflichtet, ein „weiteres Wesen" zu unterrichten. Bitte sprecht mich an, F. weiß natürlich, dass in Sporthallen, Chemieräumen etc. ein Hund nicht erlaubt ist. Er könnte dann zwischendurch Pausen machen und Cleo aus meinem Büro abholen und knuddeln und/oder spazieren führen.

Ich freue mich so über den kleinen großen Schritt und halte alle Schlappohren, dass es so weitergeht.

Lieber Gruß

Tini

Ich bekam wunderbares Feedback von meinen Kolleginnen und Kollegen und auch von denen, die zunächst sehr skeptisch dem Einsatz des Hundes gegenüber waren:
„Schule kann doch wunderbar sein."
„Danke für die gute Idee, ich werde ab sofort zum Hundefan."
„Total süß, diese rührende Geschichte."

Vielleicht hilft diese Geschichte auch Ihnen, ein paar Skeptiker zu überzeugen. 😄

Wenn Sie also hundegestütztes Arbeiten in der Schule genauso sinnvoll finden wie ich, sich die Aufgabe zutrauen, einen geeigneten Hund haben oder ausbilden oder sich anschaffen wollen, einen Hundeführerschein absolvieren, den Sie sowieso brauchen, wenn Sie Ihren Hund frei laufen lassen wollen, und Ihre Fortbildungsstunden in dieses Thema investieren, dann müssen Sie nur noch Ihren Schulleiter oder Ihre Schulleiterin mit dem Hausrecht überzeugen.

Ich hoffe, dafür konnte ich Ihnen viele hilfreiche Tipps und Anregungen geben. Und auch wenn es etwas mehr Arbeit bedeutet – gerade am Anfang –, sie lohnt sich in jedem Fall, denn das Feedback für Cleo ist eindeutig:

Feedback

Die Schülerinnen und Schüler:

„Unterricht mit Hund ist viel besser."

„Am tollsten ist die Ruhe im Raum, wenn ein Hund da ist."

„Alle achten besser aufeinander."

„Unterricht macht mehr Spaß, wenn ein Hund auch mitmacht."

„Einige Lehrer sind einfach netter, wenn ein Hund im Unterricht ist."

„Alle gehen besser miteinander um."

„Ich schreibe bessere Noten."

„Ich kann mich viel besser konzentrieren."

„Ich gehe lieber zur Schule, wenn ich den Hund sehen und streicheln kann."

Vor einiger Zeit habe ich zufällig eine ehemalige Schülerin getroffen. Sie hatte früher panische Hundeangst. Sie hat Cleo über den Kopf gestreichelt und sich für das Hundeprojekt bedankt, denn sie hat seit einem halben Jahr einen eigenen Hund.

Beitrag in der Schülerzeitung:

Die Schulhündin CLEO

Die verspielte, freche und niedliche Cleo begleitet seit mehreren Jahren Frau Dr. Wieckenberg mit in die Schule, auf Zeltlager oder Klassenreisen.

Sie liegt gerne im Büro von Frau Wieckenberg oder läuft noch lieber in der Klasse umher und möchte unbedingt gestreichelt werden. Am allerliebsten würde sie mit uns den ganzen Tag draußen mit einem Ball spielen, aber wir alle haben auch Unterricht, sie auch.

In der Hundeinsel kann man sich bei den Hunden hinlegen und die Hunde streicheln. Dabei kann man sich beruhigen nach Stress oder Traurigkeit. Durch die Atmosphäre bei den Hunden beruhigt man sich langsam, weil man merkt, dass man doch immer einen (felligen) Freund hat. Wenn man keine Lust auf die Schule hat oder sich schon immer einen Hund gewünscht hat, kann man sich immer wieder auf die Schule freuen.

(A., 5d)

Die Eltern:

„Mein Kind kommt viel entspannter aus der Schule, wenn es ein Hundetag war.“

„Endlich gibt es zu Hause keine Diskussionen mehr um einen Hund.“

„Mein Kind freut sich morgens auf die Schule, weil die Hunde da sind.“

„Mein Kind erzählt auf einmal wieder zu Hause von der Schule.“

„Ich glaube, mein Kind war noch so viel draußen nachmittags wie mit Ihren Hunden auf dem Schulhof.“

„Erleben Sie mein Kind auch konzentrierter im Unterricht? Oder kommt nur mir das so vor? Wir müssen viel weniger wiederholen zu Hause ...“

„Wir gehen viel entspannter durch die Stadt. Mein Sohn hat seine Hundeangst verloren. Vielen Dank.“

„Es gab so viel Streit in der Klasse, seitdem der Hund zwei Tage da war, ist der wie weggeblasen.“

„Endlich redet mein Sohn mit seinem *Erzfeind* wieder. Worüber? Natürlich über den Hund.“

„Nach einem tragischen Todesfall in der Familie mochte unsere Tochter nicht mehr in die Schule gehen. Seitdem wir gemeinsam mit der Schulleitung Ideen gewälzt haben, die Tage zu verkürzen und dass sie in einigen Fächern den Hund als ihre Begleitung hat, geht es bergauf.“

„Meiner Tochter war Schule immer zu laut. Sie sagt, mit dem Hund ist es endlich leise und sie kann gut und entspannt lernen.“

Und wenn mich jemand fragt, wie ich das finde, dann denke ich, daran, wie ...

... Hunderte von Händen, die Hunde jeden Tag liebevoll streicheln.

... Kinder für Cleos und Louis Pfoten die Tür aufhalten und aufpassen, dass nicht zu viele um sie herumstehen, es zu eng wird und ihnen keiner auf die Füße tritt.

... leise und empathisch Kinder im Unterrichtsgeschehen sein können, wenn sie wollen und einen guten Grund dafür haben.

... rücksichtsvoll Jugendliche sein können, wenn es um die empfindliche Nase von den Fellnasen geht – da nehmen sie sogar nicht so viel Deo oder Parfum.

... ungemein wichtig Beziehungsarbeit in und an Schule ist und wie gut diese mit Hundeunterstützung gelingt.

.... die Anwesenheit eines Hundes Außenseitertum beseitigt, weil es immer einen Grund gibt, über etwas zu sprechen oder gemeinsam zu lachen, weil ein Hund grundsätzlich Empathie schult und sich der Blick in den Klassenraum und damit auf das Miteinander verändert, wenn die Schülerinnen und Schüler dem Hund mit den Augen folgen.

... leicht und wenig kostenintensiv es sein kann, gute Schule zu machen.

... sehr jede Klasse einen Hund bräuchte.

... sehr ein Hund den Schulalltag bereichert: Schule geht auch ohne Hund, aber mit ihm ist sie viel schöner!

D Weitere Informationsmöglichkeiten

Es gibt hilfreiche und wichtige Möglichkeiten, um in den Austausch mit Kolleginnen und Kollegen mit Schulhunden zu kommen, z. B. in einzelnen Hundeschulen, Arbeitskreisen vor Ort oder bei regionalen Anbietern mit entweder pädagogischen oder kynologischem Hintergrund (z. B. fit-for-schooldogs.de). Hier weiterführende Ideen:

isaat.org und esaat.org:
Der internationale bzw. europäische Verband für tiergestützte Therapie widmet sich hauptsächlich der Forschung und Etablierung der tiergestützten Therapie. Hier finden Sie alles Wissenswerte rund um das Thema – von den Grundlagen bis zum Spezialwissen.

Bundesverband tiergestützte Interventionen e. V.:
Der Bundesverband ist mit Regionalverbänden in einzelnen Bundesländern organisiert und bietet Treffen, Austausch und Kongresse an.

Ani.Motion
animotion-institut.de, ehemals Freiburger Institut für tiergestützte Therapie, Coaching und Psychotherapie mit Hunden und Eseln und Ausbildung zur Fachkraft für tiergestützte Intervention

Institut für soziales Lernen mit Tieren:
Unter *https://lernen-mit-tieren.de/* kommen Sie auf die Homepage des von Ingrid Stephan geleiteten Instituts, das seit 1994 im Bereich tiergestützte Therapie arbeitet und vor allem auch Weiterbildungen in diesem Bereich anbietet.

Qualitätsnetzwerk Schulbegleithunde e. V.:
Dieses Qualitätsnetzwerk gibt u. a. eine Broschüre für Schulleitungen heraus, die das Für und Wider eines Schulhundes abwägen wollen.

schulhundweb.de:
Neben der Selbstverpflichtung (s. v.) finden Sie hier viele hilfreiche und grundlegende Informationen, auch zum Austausch und Treffen mit Arbeitskreisen in verschiedenen Bundesländern.

Wenn Sie Ihre tiefer gehende Kompetenz nachweisen wollen, gibt es beim Veterinäramt den recht umfangreichen Sachkundetest der „Tierärztlichen Vereinigung zur tiergestützten Intervention Hund", weiterhin werden in dem Merkblatt als mögliche Sachkundenachweise benannt, z. B. D.O.Q.-Test 2.0 = Bundesweit einheitliche Sachkundeprüfung für Hundehalter und -interessierte (*https://www.doq-test.de/*), Hundeführerschein des VDH (Verband für das Deutsche Hundewesen), BHV (Berufsverband der Hundeerzieher/innen und Verhaltensberater/innen e. V.) oder IBH (Internationaler Berufsverband der Hundetrainer & Hundeunternehmer e. V.).

Beispiele für Tagung und Kongress:
- DGVT 2018 – Deutsche Gesellschaft für Verhaltenstherapie: Endlich auf den Hund gekommen – Tiergestützte Psychotherapien
- ani.motion: Tagung Mensch & Tier im Team – Tiergestützte Interventionen 2019
- Fachtagung Kind & Natur des Bundesverbands Tiergestützte Intervention 2020

E Literatur

AGSTEN, Lydia: *Schulhundweb.* Online verfügbar unter: http://www.schulhundweb.de/index.php/Hauptseite

BARRETT, Luca; *Vom Welpen zum Assistenzhund. Auswahl, Standards, Training.* Assistenzhundverlag, Osterode 2013.

BEETZ, Andrea: *Hunde im Schulalltag. Grundlagen und Praxis.* Ernst Reinhardt Verlag, München 2013.

BUCHNER-FUCHS, Jutta; ROSE, Lotte (Hrsg.): *Tierische Sozialarbeit – Ein Lesebuch für die Profession zum Leben und Arbeiten mit Tieren.* Springer VS, Wiesbaden 2012.

FEDDERSEN-PETERSEN, Dorit Urd: *Ausdrucksverhalten beim Hund. Mimik und Körpersprache, Kommunikation und Verständigung.* Franckh-Kosmos Verlags-GmbH und Co. KG, Stuttgart 2008.

GEBHARD, Ulrich: *Kind und Natur: Die Bedeutung der Natur für die psychische Entwicklung.* VS Verlag für Sozialwissenschaften, Springer Fachmedien Wiesbaden 2013.

GIENOW-ELSNER, Tobias: *Gedanken über ein Konzept der hundegestützten Pädagogik an der Stadtteilschule Stellingen.* Hamburg, 2014. Online verfügbar unter: http://stadtteilschule-stellingen.hamburg.de/index.php/file/download/13219

GREIFFENHAGEN, Sylvia; BUCK-WERNER, Oliver N.: *Tiere als Therapie. Neue Wege in Erziehung und Heilung.* Kynos Verlag, Mürlenbach 2007.

HEYER, Meike; KLOKE, Nora: *Der Schulhund. Eine Praxisanleitung zur hundegestützten Pädagogik im Klassenzimmer.* Kynos Verlag, Nerdlen/Daun 2011.

HEYER, Meike; BEETZ, Andrea M.: *Grundlagen und Effekte einer hundegestützten Leseförderung.* In: *Empirische Sonderpädagogik 6 (2014) 2*, S. 172–187. Online verfügbar unter: http://nbn-resolving.de/urn:nbn:de:0111-opus-92514

HÖHN, Monika: *... dann beißt dich der Hund! ... Wie Kinder und Erwachsene das Verhalten von Hunden verstehen lernen.* Kynos Verlag, Mürlenbach 1997.

KMK, *Richtlinien zur Sicherheit im Unterricht (RiSU) – Empfehlungen der Kultusministerkonferenz*, Stand 14.06.2019: https://www.kmk.org/fileadmin/Dateien/veroeffentlichungen_beschluesse/1994/1994_09_09-Sicherheit-im-Unterricht.pdf

KONECZNY, Marion: *Hund im Kindergarten. Ein Tierbesuchsprojekt nicht nur für Vorschulkinder. Praktische Anleitung zur tiergestützten Arbeit.* Borgmann Media, Dortmund 2006.

KOTRSCHAL, Kurt; ORTBAUER, Britta (2003a): *Behavioral Effects of the Presence of a Dog in a Classroom.* Anthrozoös, *16* (2), 147–159.

MINISTERUM FÜR SCHULE UND WEITERBILDUNG des Landes Nordrhein-Westfalen: *Handreichung – Rechtsfragen zum Einsatz eines Schulhundes* (September 2015): https://www.schulministerium.nrw.de/sites/default/files/documents/Allgemeine-Hinweise-Schulhund.pdf

NONNAST, Britta, JESCHKE, Stefanie: *Hier kommt Henriette. Schulhündin im Einsatz.* Beltz&Gelberg, Weinheim 2019.

OLBRICH, Erhard; OTTERSTEDT, Carola (Hrsg.): *Menschen brauchen Tiere – Grundlagen und Praxis der tiergestützten Pädagogik und Therapie.* Franckh-Kosmos Verlags-GmbH und Co. KG, Stuttgart 2003.

OTTERSTEDT, Carola: *Mensch und Tier im Dialog. Kommunikation und artgerechter Umgang mit Haus und Nutztieren. Methoden der tiergestützten Arbeit und Therapie.* Franckh-Kosmos Verlags-GmbH und Co. KG, Stuttgart 2007.

RÖGER-LAKENBRINK, Inge: *Das Therapiehundeteam. Ein praktischer Wegweiser.* Kynos Verlag, Mürlenbach 2006.

RUGAAS, Turid: *Calming Signals. Beschwichtigungssignale der Hunde.* Animal learn, Bernau 2001.

STÖRR, Maria: *Hunde helfen heilen. Einsatzmöglichkeiten in Physiotherapie, Ergotherapie und Logopädie.* Kynos Verlag, Nerdlen/Daun 2011.

TIERÄRZTLICHE VEREINIGUNG FÜR TIERSCHUTZ e. V. (TVT e. V.): *Nutzung von Tieren im sozialen Einsatz.* (Merkblatt 131.4 Hunde), Juni 2018.

VERNOOIJ, Monika A.; SCHNEIDER Silke: *Handbuch der Tiergestützten Intervention. Grundlagen, Konzepte, Praxisfelder.* Quelle & Meyer Verlag GmbH & Co., Wiebelsheim 2008.

WEBER, Albert, SCHWARZKOPF, Andreas, ROBERT KOCH-INSTITUT & STATISTISCHES BUNDESAMT (Hrsg.): *Heimtierhaltung – Chancen für die Gesundheit, Gesundheitsberichterstattung des Bundes.* Heft 19, 2003: https://edoc.rki.de/bitstream/handle/176904/3168/25uDLpnVUj7Y_53.pdf?sequence=1&isAllowed=y

WIPPICH, Bianca: *Der therapeutische Einsatz von Hunden als sozialpädagogische Maßnahme zur Rehabilitation.* Hamburg, Diplomica Verlag GmbH 2015.

Zeitschriften

Tiergestützte Therapie, Pädagogik & Fördermaßnahmen Nr. 3, 2006. *Schwerpunktthema Hund in TT, TP und TF.* Zeitschrift des Fördervereins für Tiergestützte Pädagogik, Therapie und Fördermaßnahmen e. V., 2006.

Jederzeit optimal vorbereitet in den Unterricht?

»